Indo Além com IA

Thomas H. Davenport · Nitin Mittal

Indo Além com IA

Como Empresas Inteligentes Alcançam Grandes Vitórias com a Inteligência Artificial

ALTA BOOKS
GRUPO EDITORIAL

Rio de Janeiro, 2024

Indo Além com IA

Copyright © **2024** Starlin Alta Editora e Consultoria Eireli.
Copyright © **2023** Deloitte Development LLC.
ISBN: 978-85-508-2374-4

Translated from original All-In On AI. Copyright © 2023 by Deloitte Development LLC. ISBN 978-1-64782-469-3. This translation is published and sold by Harvard Business Review Press, the owner of all rights to publish and sell the same. PORTUGUESE language edition published by Starlin Alta Editora e Consultoria Eireli, Copyright © 2024 by Starlin Alta Editora e Consultoria Eireli.

Impresso no Brasil — 1ª Edição, 2024 — Edição revisada conforme o Acordo Ortográfico da Língua Portuguesa de 2009.

Dados Internacionais de Catalogação na Publicação (CIP) de acordo com ISBD

D247i   Davenport, Thomas H.
         Indo Além com IA: Como Empresas Inteligentes Alcançam Grandes Vitórias com a Inteligência Artificial / Thomas H. Davenport, Nitin Mittal; traduzido por Bernardo Kallina. - Rio de Janeiro : Alta Books, 2024.
         224 p. ; 15,7cm x 23cm.

         Tradução de: All-In On AI
         Inclui bibliografia e índice.
         ISBN: 978-85-508-2374-4

         1. Inteligência artificial. 2. **Administração**. 3. Inovação. I. Mittal, Nitin. II. Kallina, Bernardo. III. Título.

2023-3806   CDD 006.3
                                        CDU 004.81

Elaborado por Odilio Hilario Moreira Junior - CRB-8/9949

Índice para catálogo sistemático:
1.! Inteligência artificial 006.3

Todos os direitos estão reservados e protegidos por Lei. Nenhuma parte deste livro, sem autorização prévia por escrito da editora, poderá ser reproduzida ou transmitida. A violação dos Direitos Autorais é crime estabelecido na Lei nº 9.610/98 e com punição de acordo com o artigo 184 do Código Penal.

O conteúdo desta obra fora formulado exclusivamente pelo(s) autor(es).

Marcas Registradas: Todos os termos mencionados e reconhecidos como Marca Registrada e/ou Comercial são de responsabilidade de seus proprietários. A editora informa não estar associada a nenhum produto e/ou fornecedor apresentado no livro.

Material de apoio e erratas: Se parte integrante da obra e/ou por real necessidade, no site da editora o leitor encontrará os materiais de apoio (download), errata e/ou quaisquer outros conteúdos aplicáveis à obra. Acesse o site www.altabooks.com.br e procure pelo título do livro desejado para ter acesso ao conteúdo..

Suporte Técnico: A obra é comercializada na forma em que está, sem direito a suporte técnico ou orientação pessoal/exclusiva ao leitor.

A editora não se responsabiliza pela manutenção, atualização e idioma dos sites, programas, materiais complementares ou similares referidos pelos autores nesta obra.

Produção Editorial: Grupo Editorial Alta Books
Diretor Editorial: Anderson Vieira
Editor da Obra: José Ruggeri
Vendas Governamentais: Cristiane Mutüs
Gerência Comercial: Claudio Lima
Gerência Marketing: Andréa Guatiello

Assistente Editorial: Isabella Gibara
Tradução: Bernardo Kallina
Copidesque: André Cavanha
Revisão: Isabella Veras; Denise Himpel
Diagramação: Joyce Matos

Rua Viúva Cláudio, 291 — Bairro Industrial do Jacaré
CEP: 20.970-031 — Rio de Janeiro (RJ)
Tels.: (21) 3278-8069 / 3278-8419
www.altabooks.com.br — altabooks@altabooks.com.br
Ouvidoria: ouvidoria@altabooks.com.br

Editora
afiliada à:

AGRADECIMENTOS

Só pudemos escrever este livro porque um bom número de executivos intrépidos fez de suas empresas líderes na aplicação de IA em seus negócios e, em seguida, dispôs-se a conversar conosco sobre seus sucessos e desafios. Portanto, seguindo a ordem alfabética das organizações desses empresários, gostaríamos de agradecer a Fabrice Valentin e Romaric Redon, da Airbus; Rajeev Ronanki, Ashok Chennuru e Shawn Wang, da Anthem; Caroline Uhler e Anthony Philippakis, do Broad Institute; Githesh Ramamurthy, Shivani Govil e Marc Fredman, da CCC Intelligent Solutions; Chris Donovan, da Cleveland Clinic; Piyush Gupta e Sameer Gupta, do DBS Bank; Jason Girzadas, Jon Raphael, Ed Bowen, Irfan Saif, Juan Tello, Beth Mueller e Adoni Kalatzis, da Deloitte (que serve de exemplo de caso neste livro); Vipin Gopal, da Eli Lilly; Milen Mahadevan e vários de seus colegas, da Kroger/84.51°; Jodie Wallis, da Manulife; Jeff McMillan, do Morgan Stanley; Jing Xiao, da Ping An; Keith Polaski, do radius financial group inc.; Phil Thomas, Grace Lee e Peter Serenita, do Scotiabank; Dan Jeavons, da Shell; Andy Hill e Giles Pavey, da Unilever, e Gary Loveman e Ozgun Ataman, da Well. Todos eles foram muito generosos com seu tempo e suas ideias.

Uma equipe da Deloitte, incluindo Debbra Stolarik, Kim Cordes, Jennifer O'Neill, Melissa Neumann, Jamie Palmeroni-Lavis, Christina Scoby, Jeremy Covert e Charley Chen, ajudou-nos em todas as etapas desta obra. Devemos um agradecimento especial a Kate Schmidt e Sanjana

Jain, que se empenharam para nos manter no caminho certo e administraram cronogramas, relacionamentos, complexidades e aprovações para tornar este livro um sucesso, e a Sandie Witas, que acompanhou a agenda do Nitin. Sem eles, isto provavelmente seria publicado apenas em 2026. E, finalmente, agradecemos a Beena Ammanath, que, desde o início, sugeriu que escrevêssemos esta obra.

Pelo apoio geral, conforto e amor — e pela tolerância durante as quatro décadas de matrimônio —, Tom agradece à sua esposa, Jodi. Ele também é grato ao seu cachorro, Pancho, que ficou deitado aos seus pés enquanto o dono escrevia boa parte do livro. Nitin agradece a Jason Girzadas, pela liderança; a Andrew Vaz, pela inspiração; a Dave Couture, pela orientação; a Irfan Saif, pela parceria; a Jack Russi, pela amizade; a Amy Feirn, pela orientação; a Ambar Chowdhury, pela visão; a Matt David, pela firmeza; a Nishita Henry, pelo espírito pioneiro; a Costi Perricos, pela paixão por IA, e a Joe Ucuzoglu, por acreditar na jornada. No âmbito pessoal, Nitin agradece também à sua esposa, Fang, por inspirá-lo a ser autor e a narrar suas experiências e observações em benefício da sociedade como um todo. E quanto a Adrian, o filho do casal, Nitin espera que este livro o motive a realizar as próprias aspirações nos próximos anos.

SOBRE OS AUTORES

Thomas H. Davenport é *Distinguished Professor* de TI e Gestão no Babson College, professor visitante na Saïd Business School da Universidade de Oxford, membro do MIT Initiative on the Digital Economy e consultor sênior da prática de IA da Deloitte. Ele publicou mais de 20 livros e mais de 300 artigos na *Harvard Business Review*, na *MIT Sloan Management Review*, além de em muitos outros periódicos, e escreve colunas para a *Forbes*, a *MIT Sloan Management Review* e o *Wall Street Journal*. Davenport foi nomeado um dos 25 melhores consultores do mundo pela revista *Consulting*, uma das 100 pessoas mais influentes na indústria de TI pelas revistas da Ziff-Davis e um dos 50 melhores professores de escolas de negócios do mundo pela revista *Fortune*. Também é reconhecido como uma das maiores vozes do LinkedIn nos setores de educação e tecnologia.

Nitin Mittal é um dos principais consultores da Deloitte Consulting LLP. Atualmente, trabalha como Líder de Crescimento Estratégico de Inteligência Artificial (IA) nos EUA. Em 2019, ele recebeu o prêmio AI Innovator of the Year na AI Summit, em Nova York. Mittal é especialista em aconselhar clientes, ajudando-os a obter vantagem competitiva por meio de dados e transformações impulsionadas por IA, ferramentas que promovem a inteligência ampliada e permitem que esses empresários façam escolhas estratégicas e se transformem antes da disrupção.

Ao longo de sua carreira, Nitin atuou como consultor confiável nos ramos de dados, análises e IA, trabalhando em diversos setores da indústria. Seu foco tem sido trabalhar com clientes nas áreas de saúde e ciências da vida, implementando programas de dados em larga escala que promovem a inteligência organizacional e utilizando análises avançadas e IA para gerar insights e estratégias de negócios.

SUMÁRIO

INTRODUÇÃO	1
1 O que Significa Ser Impulsionado por IA?	9
2 O Lado Humano	29
3 Estratégia	49
4 Tecnologia e Dados	77
5 Capacidades	99
6 Casos de Uso da Indústria	127
7 Tornando-se Impulsionado por IA	163
Notas	199
Índice	209

INTRODUÇÃO

Ninguém ficou muito surpreso quando Sundar Pichai, CEO da Alphabet (empresa-mãe do Google), anunciou em um evento para clientes do Google, em 2017, que a empresa mudaria, colocando "a IA em primeiro lugar". Em um discurso para desenvolvedores de tecnologia, Pichai disse: "Em um mundo que prioriza a inteligência artificial, estamos repensando todos os nossos produtos e aplicando aprendizado de máquina e IA para solucionar problemas dos usuários."[1] Mesmo antes disso, em 2015, o Google havia registrado mais de 2.700 projetos de IA e aprendizado de máquina em toda a empresa.[2] A inteligência artificial está incorporada em praticamente todos os produtos e serviços para clientes da companhia, incluindo os de busca, mapas, Gmail, Duo/Assistente e muitos outros. A empresa oferece o TensorFlow, um conjunto de algoritmos e ferramentas de aprendizado de máquina, para clientes do Google Cloud. Além disso, vários outros negócios da Alphabet, incluindo a Waymo, empresa de veículos autônomos, e a Calico, de biotecnologia, também fazem uso extensivo de IA.

O fato de a Alphabet/o Google mostrar um compromisso total com a IA já era bem conhecido na época pelos observadores do setor, então o anúncio não chamou muita atenção. Era um comportamento normal para o Vale do Silício e para as organizações digitais de alto desempenho. Existe até um livro sobre empresas orientadas por IA entre as startups de tecnologia, o que talvez também não surpreenda ninguém.[3] Na época, as pessoas pareciam pensar: "É só o Google — e o Facebook, a Amazon, a Tencent, a Alibaba etc. — fazendo o que sempre fez."

2 · Indo Além com IA

Mas a Alphabet/o Google e as outras organizações de tecnologia não foram as únicas a pensar em potencializar seus negócios com IA. Certas companhias tradicionais, e até mesmo pequenas e médias empresas, também perseguiram esse objetivo. O radius financial group, por exemplo, um originador de hipotecas com 200 funcionários localizado nos subúrbios ao sul de Boston, era uma das poucas pequenas empresas que tinham a IA em seu radar naquela época.[4] Keith Polaski, cofundador e chefe de operações da companhia hipotecária, iniciou uma busca intensiva por ferramentas de IA em 2016. Polaski se refere ao próprio negócio como "fabricação de empréstimos" e mede tudo o que acontece em sua fábrica de produção de hipotecas. Ele colocou ferramentas de IA e automação em atividade, e agora sua empresa é substancialmente mais produtiva e lucrativa do que a média do setor.[5]

A utilização da IA supostamente estava centralizada no Vale do Silício, mas a gigante europeia da aviação Airbus entendeu o recado. Percebendo que precisava se adaptar e melhorar sua eficiência operacional diante de um setor de aviação fortemente impactado pela digitalização, a empresa embarcou, em meados da década de 2010, em uma ampla transformação digital. O uso de IA e de dados estava no centro dessa mudança, de modo que uma grande variedade de iniciativas foram sendo tomadas por todos os setores da Airbus. Eles investiram em novas tecnologias e até mesmo começaram a requalificar funcionários para usar a IA. Seu programa não é nenhum segredo: o site da empresa relata que "A inteligência artificial (IA) é muito mais do que um campo de pesquisa: é uma tecnologia futura onipresente com o potencial de redefinir todas as áreas de nossa sociedade. Na Airbus, acreditamos que a IA é uma vantagem competitiva importante que nos permite capitalizar o valor de nossos dados."[6]

A Airbus aplica seus recursos de inteligência artificial em todo o conjunto de sua organização global, tanto em suas operações com aviões comerciais quanto em suas divisões de helicópteros, defesa e espaço. A tecnologia de IA tem sido fundamental para muitas soluções da Airbus, incluindo seu serviço de imagens OneAtlas, seu demonstrador ATTOL (navegação baseada em visão para taxiamentos, decolagens e pousos autônomos), seu sistema de navegação baseado em visão para helicópteros e seus assistentes virtuais para pilotos nas cabines e astronautas na Estação Espacial Internacional.

Na China, a IA é buscada ativamente por nativas digitais como Alibaba e Tencent. No entanto, ela também está sendo aplicada em negócios tradicionais, como seguradoras, bancos, serviços de assistência médica e venda de automóveis. Uma empresa gigante, a Ping An, tem negócios prósperos em todas essas áreas e vem utilizando IA em cada uma delas para conseguir pagar rapidamente indenizações de seguro baseadas em fotos, determinar identidades usando reconhecimento facial para análises de crédito, viabilizar a telemedicina inteligente e determinar o valor de carros usados. Seu modelo de negócios é oferecer ao consumidor produtos financeiros que fazem parte do estilo de vida dos clientes e usuários da internet, criando "ecossistemas" que abrangem serviços financeiros e automotivos, assistência médica e aplicações para cidades inteligentes, aprendendo o tempo todo com os dados dos consumidores para aprimorar os próprios modelos de cenários de IA.

Algo está dando muito certo na Ping An: a empresa foi fundada apenas em 1988, e suas receitas em 2020 foram de quase US$200 bilhões. Novamente, ela também não está tentando esconder seu foco em IA; o site da Ping An Technology — o braço tecnológico da gigante empresarial — revela: "A inteligência artificial é uma das principais tecnologias da Ping An Technology e formou uma série de soluções que incluem a IA preditiva, a IA cognitiva e a IA para tomada de decisões".[7] O texto prossegue: "A Ping An Technology formou uma matriz de tecnologia de cognição inteligente que inclui reconhecimento facial e de impressões de voz, leitura de imagens médicas por IA, reconhecimento de animais e biometria multimodal, serviços que gradualmente têm sido cada vez mais utilizados na vida real". Muitas empresas de tecnologia não poderiam colocar tais declarações em seus sites.

A Ping An, a Airbus e o radius são companhias tradicionais. Não se trata de empresas de tecnologia ou comércio eletrônico, embora as três tenham recursos tecnológicos substanciais. Elas são exemplos típicos dos resultados de nosso foco no papel da IA em empresas "estabelecidas". São organizações que aproveitam amplamente o poder dessa ferramenta, mesmo que ela não seja seu produto ou serviço principal. Um chefe de inteligência artificial de uma empresa varejista nos disse: "As pessoas me perguntam por que só assumo essas funções de dados, análises e IA em empresas estabelecidas. É porque o trabalho é muito fácil em nativas digitais!" Embora suspeitemos que não seja tão fácil quanto parece, tendemos a concordar com essa afirmação. É difícil levar um negócio inserido em um setor tradicional a se dedicar totalmente à IA para transformar os próprios recursos. Assim como fizemos com o Google no início desta seção, ocasionalmente nos referiremos a empresas e startups de tecnologia de uso intensivo de IA quando houver uma lição a ser aprendida com elas ou quando estiverem se associando a companhias tradicionais. Mas nossos principais exemplos envolverão setores e até mesmo empresas que existiam antes mesmo de nascermos. Descreveremos bancos, seguradoras, fabricantes, varejistas, empresas de produtos de consumo, provedores de informações, organizações de ciências da vida e até mesmo algumas governamentais. Seus fatores comerciais e as necessidades de seus clientes são diversos, mas todos compartilham um caminho voltado para a IA.

Neste livro focaremos como grandes empresas que existiam bem antes da inteligência artificial vêm se transformando com a ajuda dessa tecnologia. Em vez de descrever a abordagem média ou mais comum para a implementação dessa ferramenta, perfilaremos as organizações que se dedicam totalmente à IA — as quais estão fazendo apostas grandes e inteligentes, contando com que essa tecnologia trará melhorias substanciais para seus negócios, e cujos resultados já vêm sendo evidenciados. Referimo-nos às abordagens completas dessas empresas de várias maneiras — dizemos que são "impulsionadas por IA", "alimentadas por IA", "habilitadas por IA" etc. O elemento comum é que, em relação a essa tecnologia, elas estão no extremo oposto da escala geral quando se trata de seus gastos, planejamentos, estratégias, implementações e mudanças. Nem todas as empresas adotarão essa abordagem ambiciosa, mas acreditamos que todos podem vir a aprender com ela, e talvez até se inspirar nisso.

Nosso objetivo nas próximas páginas é explorar o conceito do comprometimento total com a IA e o que é necessário para uma organização chegar a esse nível. Nossa perspectiva é uma visão extrema da inteligência artificial — a adoção mais agressiva, a melhor integração com a estratégia e as operações, o maior valor comercial, a melhor implementação. Descreveremos as implicações do uso agressivo dessa ferramenta para estratégia, processos, tecnologia, cultura e talento. Saber o que os principais adeptos da IA estão fazendo pode ser útil para muitas outras organizações ao tentarem avaliar o potencial dela na transformação dos próprios negócios.

Nossa Experiência

Ambos temos certa experiência em trabalhar com essas empresas líderes e traçar o seu perfil. Tom fez pesquisas e publicações na área de análise por muitos anos antes de se envolver com IA, além de artigos e livros best-sellers sobre "competição em analytics". Sua publicação na HBR com esse título foi inclusive designada um dos 12 artigos obrigatórios nos 100 anos de história da revista. A recepção de suas produções deixou claro que as companhias e suas gestões poderiam se beneficiar dessa perspectiva abrangente, mesmo quando optassem por uma abordagem mais incremental. Desde então, Tom trabalhou com centenas de organizações em todo o mundo que queriam desenvolver suas capacidades analíticas e começar a empregar sua parente próxima, a IA. Algumas das empresas que ele perfilou em seus escritos sobre análise, como a Capital One e a Progressive Insurance, também aparecem neste livro, já que empreenderam várias iniciativas específicas para aumentar suas capacidades de IA.

Nitin tem pensado, falado e trabalhado com clientes sobre o que significa ser impulsionado por inteligência artificial há vários anos. Ele também descobriu que muitos executivos com conhecimento moderado sobre IA consideram útil entender como as empresas estão se transformando ao aproveitarem a amplitude dessas tecnologias. Antes de focar essa ferramenta, Mittal trabalhou com empresas de saúde e ciências da vida por cerca de quinze anos para ajudá-las a incorporar dados e análises em seus negócios. E, como chefe de análises e IA da Deloitte nos Estados Unidos por mais de cinco anos, teve a oportunidade de se envolver com clientes e executivos que têm objetivos transformadores para a inteligência artificial, bem como parceiros fornecedores que fabricam e comercializam algumas das tecnologias de IA mais sofisticadas do mundo.[9] Além disso, ele lidera uma iniciativa estratégica na Deloitte, nos Estados Unidos, com o objetivo de usar essa ferramenta para transformar a maior empresa de serviços profissionais do mundo.

Ambos consideramos a inteligência artificial fascinante, mas algo ainda mais interessante é sua interação complexa com a estratégia e os modelos de negócios, os processos-chave, a organização e a gestão de mudanças e as arquiteturas de tecnologia existentes que aparecem em todas as empresas estabelecidas. Desenvolver um novo algoritmo de excelência é uma conquista impressionante, mas não mais do que realizar uma grande iniciativa de mudança de negócios que tenha a IA em seu escopo. Gostamos de trabalhar com organizações que utilizam tecnologias — em particular a inteligência artificial — e escrever sobre elas para descobrir novas formas de competir e fazer negócios. Esse é o tipo de narrativa que você encontrará aqui.

O que você aprenderá neste livro

Assim como nos exemplos anteriores, forneceremos muitas descrições do que as empresas impulsionadas por IA estão fazendo com essa tecnologia. No entanto, elas estão inseridas em discussões mais amplas sobre os requisitos para o sucesso uma vez assumido o compromisso total com a IA. Os tópicos dos capítulos e as companhias apresentadas em cada um incluem:

Capítulo 1: O Que Significa ser Impulsionado por IA?

Descreveremos o que é necessário para ser uma organização impulsionada por IA, incluindo as tecnologias específicas utilizadas pelas empresas, as maneiras pelas quais elas se agregam valor e os componentes que definem uma abordagem comprometida com IA. Mencionaremos diversas organizações neste capítulo, mas a Ping An e o chatbot do digibank da DBS, na Índia, são analisados em mais detalhes.

Capítulo 2: O Lado Humano

Argumentaremos neste capítulo que o atributo mais importante para o sucesso da IA não é o maquinário, propriamente, mas a liderança, o comportamento e a mudança humanos. Começaremos o capítulo com o exemplo de Piyush Gupta, CEO do DBS Bank, que consideramos um líder eficaz na iniciativa de IA dessa organização. Também discutiremos questões de liderança do Morgan Stanley, da Loblaw e da CCC Intelligent Solutions. No que diz respeito à melhora da compreensão e da adoção da IA tanto pela administração quanto pelos funcionários, discutiremos os casos da Shell, da Deloitte, da Airbus, do Bank of Montreal, da Eli Lilly e da Unilever.

Capítulo 3: Estratégia

A IA é capaz de habilitar ou transformar a estratégia dos negócios, e neste capítulo focaremos como ela faz isso. Nele, descreveremos três arquétipos estratégicos principais que as organizações com inteligência artificial podem adotar. Nisso, mencionaremos uma variedade de empresas: Loblaw, Toyota, Morgan Stanley, Ping An, Airbus, Shell, SOMPO, Anthem, FICO, Manulife, Progressive e Well.

Capítulo 4: Tecnologia e Dados

Não é possível trabalhar com IA avançada sem uma tecnologia avançada e uma quantidade considerável de dados. Assim, no capítulo 4, descreveremos os componentes de uma infraestrutura tecnológica e um ambiente de dados modernos orientados para a inteligência artificial. Discutiremos o uso de todas os recursos disponíveis para essa ferramenta, dados para IA, aprendizado de máquina automatizado ou AutoML, operações de aprendizado de máquina, ou MLOps, tecnologias legadas e dimensionamento de aplicativos de inteligência artificial. Entre as empresas discutidas neste capítulo estarão DBS, Kroger Co. (e sua subsidiária 84.51°), Shell, Unilever, Anthem e Airbus.

Capítulo 5: Capacidades

A IA, assim como qualquer outra capacidade de negócios, pode ser avaliada e classificada em termos do nível de avanço das várias dimensões de uma empresa. Como existem diferentes arquétipos estratégicos para o uso dessa ferramenta, existem também diferentes modelos de capacidade para cada um deles. Descreveremos detalhadamente os recursos da Ping An neste capítulo, bem como os do Scotiabank, da Manulife, da Progressive e da Anthem. Também descreveremos as capacidades éticas de IA, tomando a Unilever como nosso principal exemplo.

Capítulo 6: Casos de Uso do Setor

Os casos de uso ou aplicações de IA estão no cerne da aplicação dessa tecnologia aos problemas de negócios. Neste capítulo, nós os abordaremos em vários setores. Dividiremos a lista entre casos de uso comuns e menos comuns e forneceremos exemplos de adotantes iniciais e agressivos em cada setor. As empresas apresentadas incluirão o Walmart, a Seagate, a Capital One, os governos dos EUA e de Cingapura, a Cleveland Clinic, a Pfizer, a Novartis, a AstraZeneca, a Eli Lilly e a Disney.

Capítulo 7: Tornando-se Impulsionado por IA

Neste último capítulo, descreveremos um conjunto de quatro caminhos alternativos para se tornar impulsionado por IA. Cada um é ilustrado com um exemplo particular. A Deloitte serve de exemplo para o primeiro caminho, que descreve a transição de um foco exclusivamente voltado às pessoas para outro que também abrange a IA nos serviços profissionais. A CCC Intelligent Solutions exemplifica um percurso, em que se passa do foco em informações à priorização da IA. A Capital One ilustra o caminho de uma empresa com enfoque analítico que começa a focar a inteligência artificial. Por fim, a Well — uma startup na área da saúde — é o exemplo de uma empresa que começou do zero a construir um conjunto de recursos de IA.

Apesar de todo esse conteúdo, este livro não é uma receita padrão para uma adoção completa da inteligência artificial. Cada organização variará em sua lógica, sua estratégia e seu caminho específicos para integrar essa tecnologia em seus negócios de forma agressiva. Estamos confiantes, no entanto, de que os exemplos e lições deste livro ajudarão cada uma delas em sua jornada individual. No mínimo, esperamos que a leitura sobre o uso que essas organizações pioneiras e líderes estão fazendo da IA leve você a dizer sobre sua empresa: "É melhor começarmos a nos mexer."

CAPÍTULO 1

O que Significa Ser Impulsionado por IA?

Algumas das organizações mais bem-sucedidas e tecnológicas do mundo — porém não em número suficiente — declararam sua intenção de se concentrar totalmente na inteligência artificial, ou ainda, de a colocarem em primeiro lugar ou serem "impulsionadas" por ela. O Google descreveu esse contexto como "um mundo que prioriza a IA, no qual a computação se torna universalmente acessível — seja em casa, no trabalho, no carro ou na correria do dia a dia —, e a interação com todas essas superfícies se torna muito mais natural, intuitiva e, acima de tudo, inteligente."[1] As empresas que buscam ser impulsionadas pela IA em outros setores compartilham desses objetivos de implementar tecnologias intuitivas e inteligência generalizada, mas também os aplicam aos próprios setores — por exemplo, aos serviços financeiros, manufatureiros ou de saúde.

As organizações impulsionadas por IA presentes em nossa análise compreendem menos de 1% das grandes empresas. Não foi fácil encontrarmos um número suficiente para abordar neste livro, mas conseguimos chegar a cerca de trinta. Esperamos, no entanto, que muito mais organizações sigam nessa direção. E por que não o fariam? Os exemplos de empresas aqui descritos apresentam um bom desempenho; elas possuem modelos de negócios eficientes, tomam boas decisões, mantêm relacionamentos próximos com os clientes, oferecem produtos e serviços desejáveis e cobram preços lucrativos. Tornaram-se, por assim dizer, verdadeiras máquinas de aprendizado, e seu pessoal é acelerado pela IA. Normalmente, são capazes de tudo isso porque têm dados melhores e em maior quantidade do que outras empresas, dados esses que são analisados e colocados em prática pela IA, e elas conseguem usar esses recursos para desenvolver seus negócios e gerar valor econômico e social.

Para muitas organizações, aproveitar todo o potencial da inteligência artificial não é algo que iniciam sem alguma hesitação, isso normalmente envolve a exploração de oportunidades empresariais seletas e de apenas alguns casos de uso em potencial. Muitas inclusive nunca chegam à única etapa que pode agregar valor econômico — a implementação de um modelo de IA na produção. Embora sondar o terreno dessa maneira possa fornecer informações valiosas, isso provavelmente não será suficiente para fazer de uma empresa uma criadora de mercado, ou mesmo uma seguidora rápida. Para obter valor substancial a partir da inteligência artificial, uma companhia deve repensar fundamentalmente a interação entre seres humanos e máquinas nos ambientes de trabalho. Ela precisa fazer investimentos significativos nessa ferramenta. Deve trabalhar não apenas com pilotos de IA, mas também com implementações de produção completas que mudem a forma de trabalho dos funcionários e o relacionamento dos clientes com a empresa. Os executivos devem considerar a implantação sistemática de ferramentas de inteligência artificial em todas as principais funções e operações da organização para dar suporte a novos projetos de processos de negócios (BPD) e a tomadas de decisões baseadas em dados. Da mesma forma, essa tecnologia deve impulsionar novas ofertas de produtos e serviços, bem como novos modelos de negócio. No momento, usar a IA dessa forma agressiva confere liderança no setor. Já, no futuro, tornar-se uma organização impulsionada por IA provavelmente será mais do que uma estratégia para o sucesso empresarial — pode se tornar um requisito básico para a sobrevivência.

Quais são os Componentes que Impulsionam a IA?

Como saber se uma organização é impulsionada por inteligência artificial? Que componentes a empresa precisa reunir para merecer essa classificação? Não há uma lista pronta, mas, em nossas pesquisas e consultorias, pudemos observar uma variedade de atributos que geralmente aparecem naquelas que apresentam uma abordagem particularmente agressiva em relação a essa tecnologia. Realizamos três pesquisas sobre as atividades de IA das empresas nos últimos quatro anos, então também podemos anexar alguns números concretos a esses atributos, remontando, no mínimo, à nossa última pesquisa, realizada em outubro de 2021.

Ampla adoção corporativa da IA, com uso de tecnologias variadas

As empresas impulsionadas por inteligência artificial utilizam-na em todos os setores, adotando diversos casos de uso ou aplicativos. A IA é uma ferramenta de uso geral que pode ser utilizada para dar suporte a várias metas e objetivos empresariais. De acordo com nossas pesquisas, as tecnologias de IA são mais comumente aplicadas para aumentar a eficiência dos processos de negócios, melhorar as decisões e aprimorar os produtos e serviços já existentes. Esses três objetivos também são os que têm maior probabilidade de já terem sido alcançados, de acordo com uma pesquisa da Deloitte realizada em 2020, quando o assunto foi colocado em questão pela última vez.[2] No entanto, eles abrangem vários domínios de uso para IA. As melhorias nos processos de negócios, por exemplo, podem incluir aprimoramento da correspondência entre oferta e demanda, possibilitando maior eficiência da cadeia de suprimentos; melhora na previsão da necessidade de manutenção dos equipamentos fabris ou até mesmo da estimativa de quais candidatos a um cargo terão melhor desempenho caso efetivados. Consequentemente, as empresas mais comprometidas com a inteligência artificial desenvolvem casos de uso em diversas funções e processos, além de decisões, produtos ou serviços. Individualmente, cada aplicativo não consegue, por si só, transformar a organização como um todo, mas um conjunto amplo deles pode fazê-lo.

Em nossa pesquisa mais recente sobre IA corporativa, as empresas com mais recursos e conquistas em relação a essa tecnologia — denominadas "transformadoras" — compreenderam 28% das amostras examinadas. Como descreveremos a seguir, as organizações transformadoras estão bem encaminhadas em suas jornadas de inteligência artificial, mas muito poucas daquelas entrevistadas são de fato impulsionadas por IA (inclusive, elas estão em um número baixo demais para ser identificado em uma pesquisa mais ampla). Em média, no grupo pesquisado, havia cerca de seis implantações em escala completa de casos de uso de inteligência artificial e por volta de sete resultados comerciais alcançados — algo notável, mas aquém das capacidades de uma empresa impulsionada por essa tecnologia. O termo "transformadoras" pode sugerir que o objetivo dessas organizações seja a transformação de seus negócios, mas pouquíssimas foram, de fato, transformadas pela inteligência artificial. As empresas que dependem dessa ferramenta para mudar normalmente vão muito além; algumas têm centenas de sistemas implantados e resultados comerciais numerosos demais para contarmos. Vale lembrar que a transformação dos negócios é um processo contínuo e que nenhuma organização estará completamente transformada um dia.

Empresas totalmente comprometidas com a IA também não restringem seus portfólios de inteligência artificial a uma única tecnologia. Em vez disso, aproveitam tudo o que essa ferramenta tem a oferecer. As várias tecnologias que compõem esse campo estão descritas na tabela 1-1. Somente quatro recursos básicos viabilizam a IA — o conhecimento em suas formas estatística, lógica e semântica, todas ligadas à computação —, mas, dentro desses grupos, existem múltiplas variações de métodos, ferramentas e casos de uso.

QUADRO 1-1

Tecnologias de IA utilizadas por empresas impulsionadas por IA

Tipo de tecnologia de IA	*Como funciona*
Aprendizado de máquina estatístico	
Aprendizado de máquina supervisionado	Cria modelos de previsão treinados com dados anteriores
Aprendizado de máquina não supervisionado	Identifica, sem treinamento, agrupamentos de casos semelhantes
Aprendizado autossupervisionado	Encontra sinais de supervisão nos dados. Trata-se de uma abordagem emergente

QUADRO 1-1

Tecnologias de IA utilizadas por empresas impulsionadas por IA

Tipo de tecnologia de IA	Como funciona
Aprendizado por reforço	Aprende por experimentação e maximização de recompensas
Redes neurais	Utiliza camadas ocultas de características para prever/classificar
Aprendizado profundo	Utiliza várias camadas ocultas para gerar modelos preditivos
Reconhecimento de imagens com aprendizado profundo	Aprende a reconhecer imagens a partir de conjuntos de dados rotulados
Processamento de linguagem natural com aprendizado profundo	Aprende a entender ou gerar fala e texto
Sistemas de IA baseados em lógica	
Mecanismos de regras	Toma decisões simples com base em regras ("se... então")
Automação de processos robóticos	Combina fluxo de trabalho, acesso a dados e decisões baseadas em regras
IA baseada em semântica	
Reconhecimento de fala	Reconhece a fala humana e a converte em texto
Entendimento de linguagem natural	Avalia o conteúdo textual em termos de significado e intenção
Geração de linguagem natural	Cria textos personalizados e legíveis

Os líderes de empresas impulsionadas por IA aprendem o suficiente sobre ela para tomar decisões inteligentes sobre quais tecnologias devem ser aplicadas em quais casos de uso. Isso nem sempre é fácil; existem algumas complexidades ocultas entre as diferentes ferramentas disponíveis. O Quadro 1-1, por exemplo, lista vários e diversos tipos de aprendizado de máquina, e os usuários mais agressivos dessa tecnologia precisam saber qual deles adotar para uma finalidade específica. Além disso, também há escolhas dentro de escolhas. Por exemplo, o trecho "IA baseada em semântica" no Quadro 1-1 descreve aplicativos orientados à linguagem, como os de entendimento de linguagem natural (NLU) e geração de linguagem natural (GLN). Mas aqueles de NLU podem ter algoritmos de aprendizado profundo como base, assim como gráficos de conhecimento que ilustram as conexões entre palavras e conceitos sugeridos pelo termo "semântica". Por sua vez, os aplicativos de NLG também podem contar com esses algoritmos, como no caso do sofisticado sistema GPT-3 desenvolvido pela OpenAI, que pode gerar todo tipo de texto com base em previsões de palavras subsequentes, desde poemas até programas informáticos. Os aplicativos simples de NLG também podem ser orientados por regras. As complexidades de se descrever os diferentes tipos de tecnologia de IA indicam que os executivos que tomam decisões nesse âmbito precisam fazer suas pesquisas antes de realizar grandes investimentos em ferramentas e projetos.

Algumas organizações utilizam técnicas variadas para o mesmo caso de uso ou aplicativo. A Cotiviti, uma empresa de tecnologias de saúde e detecção de fraudes em seguros, combina regras com aprendizado de máquina, uma dupla muito útil. O DBS Bank usa a mesma combinação para combater a prática de lavagem de dinheiro. Muitas companhias estão usando a automação robótica de processos (RPA), que automatiza fluxos de trabalho estruturados de back-office e toma decisões com base em regras. Mas um número crescente de fornecedores e de seus respectivos clientes está combinando RPA com aprendizado de máquina para tomar decisões de forma mais eficaz; essa junção, às vezes, é chamada de "automação inteligente de processos". Cada vez mais veremos essas técnicas sendo combinadas, talvez recebendo nomenclaturas novas. Usuários mais agressivos provavelmente adotarão todas as tecnologias de IA — algumas conforme o descrito no Quadro 1-1 e outras combinadas de tal forma que ainda não podemos descrever totalmente hoje, já que estão apenas começando a surgir. A realidade virtual e outros tipos de simulação, os gêmeos digitais, os metaversos — todas essas tecnologias empregam formas variadas de inteligência artificial, e provavelmente serão adotadas amplamente no futuro.

Os múltiplos sistemas de IA em implantação de produção

Um dos desafios da inteligência artificial é colocar os sistemas em implantação de produção. Muitas empresas iniciam pilotos, provas de conceito ou protótipos, mas poucos ou nenhum deles são colocados em produção. É ótimo aprender com esses experimentos, mas as organizações não obtêm nenhum valor econômico a partir deles. Aquelas movidas por IA, em contrapartida, conseguem colocar seus sistemas em produção; a pesquisa mais recente sobre inteligência artificial corporativa pôde constatar que as transformadoras — as empresas mais bem-sucedidas e experientes que participaram do estudo — tinham, em média, seis implantações de produção de IA. Isso situou-as na categoria mais agressiva da pesquisa; algumas das organizações que entrevistamos para este livro, no entanto, tinham muito mais modelos de inteligência artificial em produção.[3]

Apesar do relativo sucesso das empresas impulsionadas por IA, há muitos outros dados de estudos que apoiam nossa afirmação de que a implantação de produção é difícil. Uma pesquisa da IBM realizada em 2021 constatou que, entre mais de 5 mil tomadores de decisões da área tecnológica em 7 países, apenas 31% disseram que sua empresa havia "implantado ativamente a IA como parte de suas operações comerciais". Das organizações pesquisadas, 41% disseram que estavam "explorando a possibilidade, mas não implantando a inteligência artificial em operações comerciais."[4] Em uma pesquisa do MIT Sloan Management Review/Boston Consulting Group de 2019, constatou-se que "sete em cada dez empresas entrevistadas relataram impacto mínimo ou nenhum impacto da IA até o momento. Entre os 90% das organizações que fizeram algum investimento nessa tecnologia, menos de 2 em cada 5 relataram ganhos comerciais com a inteligência artificial nos últimos 3 anos, o que significa que 40% das empresas que fazem investimentos significativos em IA não relatam ganhos comerciais a partir disso."[5] Em nossa pesquisa, os três principais desafios da IA foram questões de implementação, integração da ferramenta às funções e papéis da empresa, e questões de dados — todos fatores envolvidos na implantação em larga escala.[6] Entretanto, a situação está começando a mudar, com organizações relatando a introdução de mais sistemas dessa tecnologia e mais retornos econômicos a partir deles.[7] Porém as pesquisas de cientistas de dados ainda constatam que só uma pequena parte dos modelos de inteligência artificial vem sendo efetivamente implantada.

Não é de surpreender que as empresas enfrentem desafios com essa implementação. Os pilotos envolvem a criação de um modelo e a codificação de um produto viável mínimo. Já as implantações de produção exigem uma escala muito maior de esforços e geralmente envolvem muitas outras atividades, como mudanças nos processos de negócios, capacitação dos funcionários e integração da novidade aos sistemas existentes. Além disso, alguns cientistas de dados acham que seu trabalho se encerra na criação de um bom modelo de aprendizado de máquina que se ajuste aos dados. A implantação geralmente é considerada responsabilidade de outra pessoa — embora nem sempre esteja claro de quem se trata.

Como as empresas usuárias de IA altamente bem-sucedidas lidam com essas questões e conseguem implantar sistemas dessa tecnologia? Em primeiro lugar, elas planejam tal implantação desde o início, a menos que haja um problema nas fases iniciais de um projeto. Em segundo, geralmente colocam alguém no comando de todo o processo de desenvolvimento e implantação — a quem ocasionalmente se referem como *gerente de produto* para sistemas e processos baseados em IA —, alguém que garanta a introdução do sistema. Em terceiro, elas designam cientistas de dados e gerentes de produtos que trabalham, desde o início, em estreita colaboração com os stakeholders no lado comercial. Essas empresas esperam conseguir efetuar a implantação e todas as atividades associadas a ela.

Empregando a IA para reimaginar e reengenhar os processos de trabalho

No início da década de 1990, muitos empresários ficaram entusiasmados com algo chamado *reengenharia de processos de negócio*, movimento no qual as empresas se engajavam em uma reformulação radical de seus métodos de trabalho (um de nós — Tom — ajudou a criá-lo). Naquela época, havia novas tecnologias — sistemas de planejamento de recursos empresariais (ERP) e, posteriormente, a internet — que possibilitavam novos fluxos de processos. Infelizmente, para muitas organizações, a reengenharia acabou se transformando em reduções indiscriminadas de pessoal, mas a ideia de usar novas tecnologias para impulsionar novas formas de trabalho — sendo a IA o exemplo mais proeminente da atualidade — ainda se aplica.

A Deloitte referiu-se à era atual como a "Era da Colaboração" — o que significa que as pessoas estão trabalhando colaborativamente com máquinas inteligentes. Tom gostou tanto dessa ideia — à qual costuma se referir como "ampliação" — que foi coautor de dois livros sobre o assunto.[8] Embora muitos tenham prognosticado que a IA acabaria por substituir os seres humanos, até agora isso não tem acontecido tanto, e a maioria das organizações vem usando a tecnologia a fim de liberar os trabalhadores humanos para tarefas mais complexas. A principal questão enfrentada pelas empresas movidas a inteligência artificial, portanto, não é como substituir seus trabalhadores humanos por essa ferramenta, mas como conseguir o melhor desempenho de ambos, reformulando empregos, requalificando funcionários e tornando-se mais eficientes e eficazes no processo.

Segundo nossas pesquisas, uma porcentagem alta de executivos afirma que a IA trouxe mudanças moderadas a substanciais para os empregos (foram 72% na pesquisa de 2019, e 82% previam a implantação dessas modificações dentro de 3 anos). Em muitos casos, no entanto, tais mudanças não ocorrem em um contexto de processo de negócios formal. Isso significa que pode não haver uma descrição consistente dos fluxos de trabalho, da medição e da implementação geral do processo.

A conexão mais próxima entre melhoria de processos — se não inovação radical — e IA provavelmente se encontra na automação robótica de processos (RPA). Alguns não veem inteligência suficiente nela para chamá-la de inteligência artificial, mas a RPA possui recursos de tomada de decisão baseados em regras. Muitas organizações a consideram uma etapa rumo a IAs mais inteligentes e baseadas em aprendizado de máquina, e muitas integraram-na em seus programas de melhoria de processos. Antes de automatizar um processo, as organizações aplicam técnicas de medição e melhoria a ele. Na empresa de serviços financeiros e de aposentadoria Voya, por exemplo, há um centro de excelência em automação incorporado ao Centro de Melhoria Contínua da empresa, que geralmente utiliza métodos Lean e Six Sigma. A Voya tem um procedimento de três etapas para analisar e melhorar um processo, implementar-lhe a RPA e, em seguida, avaliar o desempenho do processo automatizado.[9] No entanto, para ser verdadeiramente transformada pela IA, uma empresa teria que adotar isso em grande escala e, ao menos ocasionalmente, buscar mais do que melhorias de desempenho graduais em um processo.

Vimos algumas empresas que combinaram efetivamente a reengenharia de processos a outras formas de inteligência artificial além da RPA. No Sudeste Asiático, por exemplo, o DBS Bank utilizou a IA para possibilitar melhorias significativas na sua prevenção à lavagem de dinheiro (PLD), bem como em seus centros de atendimento ao cliente na Índia e em Singapura. Ele conseguiu reduzir em 1/3 o tempo para avaliar um possível caso de PLD. Nas centrais de atendimento ao cliente, o número de consumidores dos serviços aumentou em seis vezes, e as transações financeiras, em doze, tudo isso sem ampliar o quadro de funcionários.

Mais empresas deveriam considerar como a inteligência artificial pode possibilitar melhorias drásticas em seus processos de negócios. Em certa medida, isso será facilitado por uma nova tecnologia que utiliza essa ferramenta: *a mineração de processos*. Essa analisa dados dos sistemas transacionais da organização para entender como o processo está sendo executado e, em seguida, faz recomendações de melhoria por meio da IA. A nova tecnologia elimina grande parte do trabalho pormenorizado da melhoria de processos e vem se popularizando rapidamente em muitas empresas orientadas por processos.

Alto percentual de fluência empresarial em IA e como isso pode ser aplicado

Como argumentaremos mais de uma vez neste livro, o compromisso total com a inteligência artificial está ligado tanto a pessoas quanto à tecnologia. As empresas que desejam usar intensivamente a IA em seus negócios precisam de muitos executivos e funcionários que entendam o funcionamento dessa ferramenta. Organizações inteligentes estão requalificando e capacitando seus trabalhadores para desenvolver, interpretar e aprimorar os sistemas de inteligência artificial. Isso vem se tornando ainda mais importante à medida que o desenvolvimento de sistemas dessa tecnologia — especialmente o aprendizado de máquina — está se automatizando cada vez mais, e cidadãos cientistas de dados sem capacitação profissional aprofundada podem assumir parte do trabalho.

Os executivos precisam ter a própria capacitação nessa ferramenta. A maioria dos chefes de IA e analytics nos diz que ainda gasta muito tempo evangelizando outros gestores sobre o valor e o propósito da tecnologia. Os executivos não apenas devem fornecer financiamento e tempo para projetos de IA, mas também implementá-la no próprio trabalho. A inteligência artificial geralmente pode automatizar decisões, que, às vezes, eram tomadas anteriormente por gerentes seniores humanos. Portanto, é importante educar esse grupo em relação ao funcionamento da IA, às circunstâncias apropriadas do seu uso e aos benefícios que um comprometimento com essa tecnologia pode trazer para eles e para a organização como um todo.

Ainda é cedo para começar esse trabalho de capacitação e requalificação na grande maioria das empresas, e nem todo funcionário precisa ser capacitado em IA. Mas está claro que alguns precisam fazer esse treinamento — e provavelmente quanto mais fizerem, melhor. Algumas organizações, como a Airbus e o DBS Bank, iniciaram programas de capacitação com o objetivo específico de inculcar habilidades em IA. A Airbus já requalificou mais de mil funcionários nesse quesito e em analytics avançada. O DBS Bank capacitou mais de 18 mil trabalhadores em habilidades de dados, basicamente criando uma empresa de cidadãos cientistas de dados. Cerca de 2 mil desses funcionários são proficientes em áreas avançadas de ciência de dados e inteligência de negócios, e foi identificado que outros 7 mil têm sido capacitados em disciplinas como uso de dados, analytics e IA.

No entanto, em uma de nossas pesquisas sobre inteligência artificial, apenas 10% das empresas entrevistadas nos EUA declararam uma preferência clara por requalificar e manter os funcionários atuais. Outros 80% preferiram "manter ou substituir os funcionários na mesma medida" ou "inicialmente substituir os trabalhadores atuais por novos talentos."[10] Acreditamos que isso caracteriza uma visão de curto prazo e que as empresas não conseguirão encontrar ou arcar com tantos novos talentos em IA. A requalificação e a capacitação, portanto, são uma alternativa óbvia.

Comprometimentos de longo prazo e investimento em IA

A decisão dos executivos seniores em transformar uma empresa por meio da IA não é casual. Eles estão tomando uma decisão que terá uma influência significativa na organização por décadas e que, em última análise, envolverá centenas de milhões ou bilhões de dólares. Todas as empresas que entrevistamos para este livro nos disseram que esse é o custo de se comprometer plenamente com essa ferramenta. A princípio, essa utilização de recursos pode assustar as organizações; depois de analisarem melhor os tipos de benefícios obtidos nos primeiros projetos, no entanto, essas empresas impulsionadas por IA se sentiram muito mais dispostas a investir em tecnologias, pessoas e dados orientados por inteligência artificial.

Tornar-se focado em IA envolve comprometer-se com a utilização de dados e analytics para a maioria das decisões, lidar de maneira diferente com os clientes, incorporar essa tecnologia a produtos e serviços, além de conduzir diversas tarefas e até mesmo processos de negócio inteiros com mais automatização e inteligência. Muitas empresas estão em pleno processo de transformação digital, mas uma transformação baseada em IA vai muito além disso. Em suma, trata-se de uma aposta alta, e a maioria das organizações ainda não tem a coragem necessária para fazê-lo.

É claro que ajuda bastante se o líder for um forte defensor da ideia. O comprometimento do CEO impulsiona muitos outros tipos de comprometimento dentro das empresas. Mas isso não é suficiente. Se os gestores superiores, intermediários e até mesmo de linha de frente adotarem apenas uma abordagem superficial em relação à ideia de impulsionar seus negócios através da IA, o processo será lento, e é muito provável que a organização retorne aos seus velhos hábitos. Já vimos alguns CEOs altamente comprometidos estabelecerem empresas focadas em analytics e IA com várias iniciativas. No entanto, quando eles saíam e seus sucessores não se comprometiam com a ideia, o foco em dados, analytics e IA acabava se dissipando.

Abordaremos mais sobre a importância da liderança e do comprometimento no próximo capítulo. Também descreveremos alguns exemplos de líderes que, de maneiras abrangentes e radicais, mostram-se comprometidos com a IA enquanto força estratégica.

Analisar e executar fontes de dados únicas e volumosas em tempo real

Se por um lado a inteligência artificial pode alimentar uma empresa, por outro, são os dados que alimentam a IA. Empresas que levam essa ferramenta a sério também devem levar os dados a sério — coletando-os, integrando-os, armazenando-os e tornando-os amplamente acessíveis. Nenhum desses desafios é exatamente novo, mas todos são ainda mais importantes do que o normal para uma organização que se preocupa com a IA. Em nosso estudo de 2020 sobre essa ferramenta, as empresas participantes que a adotaram, quando solicitadas a selecionar a principal iniciativa para aumentar sua vantagem competitiva por meio da IA, optaram por "modernizar nossa infraestrutura de dados para a inteligência artificial". Praticamente todas as organizações com as quais conversamos tinham grandes projetos de gestão de dados em andamento, anteriores ou simultâneos às suas iniciativas de IA.

Além de terem dados de qualidade, as empresas que aspiram transformar seus negócios com a inteligência artificial devem cada vez mais contar com dados exclusivos ou proprietários. Se todos os concorrentes em um setor tiverem os mesmos dados, todos obterão modelos de aprendizado de máquina e resultados semelhantes a partir deles. Parte da diferenciação de sua empresa a partir da IA envolve encontrar uma fonte de dados já existente que ainda não tenha sido totalmente explorada ou obter acesso a novos tipos de dados.

Bancos e estabelecimentos de varejo estão em setores nos quais os dados já são volumosos. Mas bancos como o Scotiabank, no Canadá, Capital One, nos Estados Unidos, e DBS, em Singapura, utilizam seus dados para aprender mais sobre clientes e transações, e devolvem essas informações aos clientes para ajudá-los a gerenciar as próprias finanças. Empresas de varejo como a Kroger Co., nos Estados Unidos, e a Loblaw, no Canadá, basicamente fazem uso mais intensivo de dados de ponto de venda, de estoque, de fidelidade do comprador e assim por diante — talvez mais do que qualquer um de seus concorrentes.

Em alguns casos, as organizações que adotam a IA de forma agressiva desenvolveram novos modelos de negócios que lhes permitiram um maior acesso aos dados. A Ping An, na China, tem um modelo de "ecossistema" altamente consciente que lhe dá acesso não apenas a clientes e fornecedores, mas também a modelos de análise de dados. A Skywise, plataforma de dados abertos da Airbus para aviação, permite o compartilhamento dessas informações entre muitas das companhias aéreas globais que operam suas aeronaves, além de entre outros fabricantes de equipamentos originais. Essas empresas aprenderam com startups de comércio eletrônico dotadas de modelos de negócios de plataforma que possuir dados de vários players é um importante impulsionador do crescimento e do valor da organização.

As empresas que dependem fortemente da IA não coletam dados e só os analisam quando têm tempo. Elas adotam, sempre que possível, uma abordagem em tempo real que lhes permite tomar decisões baseadas em dados com a rapidez dos negócios contemporâneos. Criam ofertas para os clientes e impedem transações fraudulentas em tempo real no ponto de venda. Reagem mais rapidamente a interrupções nos negócios. Monitoram o desempenho de seus modelos e os reciclam, se necessário. Tudo isso é devido, em parte, ao seu *stack* tecnológico moderno, mas também aos seus processos para gerenciar a cadeia de fornecimento de dados, além de um senso de urgência para aproveitá-los. Obviamente, não há dados perfeitos em nenhuma empresa, mas aquelas com uso intensivo de IA possuem ambientes de dados muito melhores do que a maioria.

Estrutura para implementação de uma IA ética e confiável

Se uma empresa depende fortemente da inteligência artificial em seus negócios, ela precisa garantir que os sistemas de IA que utiliza sejam éticos e confiáveis, ou é provável que acabe mais perdendo do que ganhando com essa tecnologia. Até o momento, a maioria dos mecanismos e estruturas formais de governança para ética em inteligência artificial se encontra nas empresas de tecnologia, que possuem vários produtos e serviços dessa ferramenta e desejam demonstrar aos clientes que são responsáveis. Talvez por terem sido as primeiras a adotar a IA, essas organizações foram também as mais propensas a serem acusadas de enviesamento nessa tecnologia ou outras infrações éticas no passado.[11]

Mas não é necessário um grande esforço para estabelecer uma abordagem ética e confiável para a inteligência artificial. Muitas estruturas disponíveis podem ajudar a criar um conjunto de princípios; o desafio, é claro, está em colocá-los em prática. Discutiremos esses pontos no capítulo 5.

Seria possível criar um pequeno grupo de executivos com forte expertise em técnica e negócios a fim de avaliar cada um desses critérios para cada sistema de IA a ser implementado. De fato, ouvimos falar de várias empresas que estabeleceram grupos como comitês de revisão de algoritmos; no entanto, gostaríamos de sugerir aqui que mais do que apenas o algoritmo fosse revisado. Um consultor de ética sugeriu a criação de um comitê institucional de revisão de inteligência artificial, tal como aqueles criados para pesquisas acadêmicas ou médicas em seres humanos, para garantir que nenhum aspecto de um sistema de IA viole princípios éticos.[12] Afinal, o trabalho com essa tecnologia geralmente também envolve seres humanos.

Como as Empresas Impulsionadas por IA Obtêm Valor?

As alavancas de valor específicas usadas pelas empresas impulsionadas por inteligência artificial para gerar mais valor do que as outras organizações estão listadas na Figura 1-1. Faremos referência a elas ao longo do livro. Basta dizer aqui que essas empresas costumam usar várias alavancas — às vezes no mesmo caso de uso — para melhorar seus negócios.

No nível de caso de uso individual, o aplicativo de prevenção à lavagem de dinheiro (PLD) do DBS Bank, que mencionamos anteriormente neste capítulo, trouxe valor para o banco de várias maneiras. Ele permite, por exemplo, que o DBS identifique fraudes antecipadamente, beneficiando assim a velocidade de execução. Os analistas de monitoramento de transações também podem analisar um caso potencial de PLD mais rapidamente, e esse aumento na produtividade leva a uma redução de custos. Além disso, o aplicativo utiliza mais dados da instituição — ou seja, compreende sua complexidade — para chegar a uma decisão sobre a probabilidade real de um caso ser fraudulento. Por fim, ele tem como objetivo geral, é claro, fortalecer a confiança dos clientes e reguladores no banco.

É claro que, quanto maior o valor obtido, melhor. Uma empresa que deseja ser bem-sucedida com a IA deve utilizar o maior número possível de alavancas de valor e se esforçar para alcançar múltiplas daquelas com casos de uso individuais. Algumas, como a redução de custos, são relativamente fáceis de mensurar. No entanto, as empresas não devem se restringir a casos de uso de inteligência artificial facilmente mensuráveis. Alguns dos maiores benefícios podem surgir de uma IA que altera o modelo de negócios, toma decisões com base em quantidades maiores, assim como tipos mais complexos de dados, e gera confiança.

FIGURA 1-1

Como empresas totalmente impulsionadas por IA obtêm valor

Velocidade de execução: aplicar IA para diminuir o tempo até a obtenção de resultados operacionais e comerciais, minimizando a latência na tomada de decisões e ações.

Redução de custos: aplicar IA para automatizar processos de negócios, tarefas e interações de forma inteligente, reduzindo custos, aumentando a eficiência, melhorando a sustentabilidade ambiental e garantindo previsibilidade.

Compreensão das complexidades: aplicar IA para melhorar a compreensão e a tomada de decisões, decifrando padrões, conectando pontos e prevendo resultados a partir de fontes de dados cada vez mais complexas.

Engajamento transformado: aplicar IA para mudar a interação de clientes e funcionários com sistemas inteligentes, de forma a expandir os meios de engajamento por meio de voz, visão, texto e toque.

Fomento à inovação: aplicar IA para gerar insights profundos sobre onde atuar e como ser bem-sucedido, habilitando a criação de novos produtos, oportunidades de mercado e modelos de negócios.

Fortalecimento da confiança: aplicar IA para proteger a marca contra riscos, tais como fraude, desperdício, violação e invasão cibernética, consequentemente assegurando os stakeholders e aumentando a confiança entre os clientes.

Em que Estágio da Jornada Estão as Empresas para se Tornarem Totalmente Impulsionadas por IA?

Depois de ler sobre todos os componentes de uma organização alimentada por inteligência artificial, você provavelmente sente que sua organização possui alguns deles, mas não todos, ou que está progredindo em direção a esses atributos, contudo ainda não chegou lá. As caracterizações a seguir podem ajudá-lo a avaliar em que estágio a sua empresa está. Vamos descrevê-las mais detalhadamente no capítulo 5, no qual analisaremos os recursos de IA.

- *Impulsionadas por IA*. Possuem todos ou a maioria dos componentes já descritos, estando eles totalmente implementados e operantes — o negócio é construído com base em recursos de inteligência artificial e está se tornando uma máquina de aprendizado (consulte a próxima seção);
- *Transformadoras*. Ainda não são impulsionadas por IA, mas estão relativamente avançadas nessa jornada, tendo alguns dos atributos já implementados. Além disso, possuem várias implantações de inteligência artificial que estão gerando valor substancial para a organização;
- *Desbravadoras*. Já iniciaram a jornada e estão progredindo, mas ainda se encontram em um estágio inicial — já têm alguns sistemas implantados e alcançaram alguns resultados positivos mensuráveis;
- *Iniciantes*. Estão experimentando com IA — possuem um plano, mas ainda precisam realizar muito para progredir; têm pouca ou nenhuma implantação de produção;
- *Insuficientes*. Começaram a experimentar com IA, mas não possuem implantações de produção e geraram pouco ou nenhum valor econômico.

Nem todas as empresas mencionadas neste livro são impulsionadas por IA; em alguns casos, descreveremos organizações que são transformadoras ou mesmo desbravadoras, mas que adotaram práticas úteis ou dignas de nota.

Tornando-se uma Máquina de Aprendizado Organizacional

Uma maneira de resumir todos esses atributos é pensar em empresas totalmente impulsionadas por IA como máquinas de aprendizado organizacional. Nessas organizações, muitos aspectos do aprendizado relacionado à inteligência artificial são institucionalizados e bem estruturados. Podemos dizer que são máquinas de aprendizado organizacional em pelo menos dois sentidos: primeiro, estão aprendendo constantemente com suas pesquisas e implementação de IA. Elas experimentam e adotam processos rápidos de tentativa e erro para aprender sobre o que funciona e o que não funciona. Como nossos colegas John Hagel e John Seely Brown afirmam, essas empresas alcançaram um "aprendizado escalável."[13] Tanto a experimentação quanto o aprendizado são importantes para se tornar uma referência em IA.

Por exemplo, a Ping An, empresa sediada na China que começou no setor de seguros e eventualmente expandiu para uma variedade de áreas de atuação associadas a serviços financeiros (trataremos mais sobre elas no capítulo 3), possui um grande grupo de pesquisadores e contrata muitos doutores talentosos em ciência da computação e outras áreas relacionadas. Seu fundador, Peter Ma Mingzhe, que é também um colecionador de arte, sugeriu ao seu cientista-chefe, Jing Xiao, que um sistema de IA capaz de criar pinturas e músicas poderia agradar a extensa rede de clientes e parceiros da empresa. Xiao, então, contratou uma pequena equipe para tentar criar pinturas, composições musicais e poemas, treinando um sistema de aprendizado de máquina baseado em exemplos de alta qualidade existentes.

O experimento foi um sucesso: os pesquisadores conseguiram criar pinturas, músicas e poemas de alta qualidade. O sistema foi apresentado na Conferência Mundial de Inteligência Artificial de 2019 e recebeu menções positivas na imprensa.[14] O sistema de composição musical inclusive ganhou um prêmio internacional. Xiao nos disse em uma entrevista que a Ping An tem trabalhado em modelos de negócios que conectam o sistema artístico da IA a diferentes ecossistemas do grupo, como no uso de músicas geradas por essa ferramenta para tratamentos online ou em outros serviços relacionados à saúde. Enquanto isso, sua equipe aprendeu a desenvolver sistemas de inteligência artificial que envolvem emoções ou sentimentos subjetivos dos participantes, a exemplo das negociações no mercado de títulos, para negócios.

A outra maneira pela qual as empresas impulsionadas por IA se tornam máquinas de aprendizado organizacional está diretamente relacionada ao aprendizado de máquina (pelo menos em sua forma supervisionada, que é, de longe, no mundo dos negócios o tipo mais comum dessa ferramenta). Essa tecnologia faz previsões de resultados desconhecidos com base em modelos treinados a partir de dados anteriores, nos quais os resultados já são conhecidos. Pode parecer um pouco confuso, mas as organizações caracterizadas como máquinas de aprendizado organizacional estão aprendendo constantemente com o próprio aprendizado de máquina. Essencialmente, o que a capacidade das IAs contemporâneas fez foi tornar possível e mais econômica a produção de aprendizado em alta escala e velocidade.

As empresas impulsionadas por IA monitoram seus modelos para entender o nível de sucesso de suas previsões (geralmente através de uma tecnologia chamada *operações de aprendizado de máquina*, ou MLOps). Se o modelo parar de fazer predições precisas, a organização usará novos dados para retreiná-lo e melhorá-las. Dessa forma, o treinamento contínuo gera um aprendizado contínuo, além de um modelo mais valioso que se ajusta aos novos dados. Em outras palavras, se o mundo está sempre mudando, os modelos preditivos da empresa mudam com ele.

Uma empresa que realmente fosse uma máquina de aprendizado aplicaria isso a uma variedade de modelos, ou pelo menos aos mais importantes. Isso sugere que a organização acredita se tratar de ativos comerciais valiosos que merecem ser monitorados e aprimorados, reconhece que a precisão do modelo pode variar com o tempo e sabe que existem tecnologias disponíveis para facilitar o processo de operações dele. É exatamente esse tipo de recursos que uma empresa impulsionada por IA gostaria de cultivar.

Obviamente, máquinas de aprendizado organizacional também podem aprender continuamente com outros tipos de inteligência artificial. O DBS Bank, por exemplo, implementou chatbots — inicialmente em seu banco digital na Índia — como um meio de oferecer atendimento de alta qualidade ao cliente, sem espera e com uma disponibilidade de 24 horas por dia. Então, durante a revisão de uma falha de serviço em 2016, a administração desafiou a equipe a monitorar de perto as jornadas dos clientes e conseguir detectar problemas antecipadamente.

O desafio inspirou a equipe a criar um novo programa de ciência do cliente para o Digibank na Índia, com o qual monitoraria as jornadas de cada cliente em tempo real. Os funcionários procurariam ativamente por indicações de que o cliente estivesse com dificuldades para usar o aplicativo móvel, desenvolveriam a sua capacidade de intervir quando isso acontecesse e forneceriam opções ao cliente sobre como prosseguir em sua jornada. O aprendizado foi um sucesso, e o novos conhecimentos do chatbot foram posteriormente aplicados na Índia e no mercado doméstico de Singapura.

O significado final do termo *máquina de aprendizado organizacional* concentra-se no fato de que essas empresas são consistentes, confiáveis e incansáveis. Seu foco em IA para a transformação de seus negócios é tão persistente quanto qualquer máquina de alto desempenho. Elas investem, por exemplo, em infraestruturas de inteligência artificial tais como *feature stores* (repositórios de variáveis bem definidas para uso em modelos de aprendizado de máquina) e bibliotecas de algoritmos que podem ser reutilizadas diversas vezes em toda a organização. Também garantem que muitos funcionários sejam aprendizes contínuos em relação à IA. Por fim, tratam essa tecnologia não como uma tendência, mas como uma ferramenta extremamente poderosa que pode torná-las muito mais eficientes e eficazes no mercado.

Claro, não é só a tecnologia que cria máquinas de aprendizado organizacional, mas também a combinação de DNA organizacional, uma cultura corporativa que apoia tanto a IA como decisões baseadas em dados, uma atitude de experimentação e inovação contínuas e o envolvimento de funcionários, clientes e parceiros comerciais em todas essas atividades. São os seres humanos que fazem essas coisas acontecerem, não os dados ou algoritmos ou servidores de alta potência. Ao longo deste livro, vamos nos concentrar tanto na dimensão humana do foco em IA quanto nas capacidades tecnológicas. Este, aliás, será o objeto do próximo capítulo.

Para concluir, gostaríamos de dizer que o fato de algumas organizações terem todos esses recursos é algo maravilhoso. Consideramos um privilégio falar com essas empresas e escrever sobre elas. No entanto, gostaríamos que estivessem em maior número. Quem sabe se, ao descrevermos aquelas que se destacam nesse aspecto, consigamos motivar os leitores deste livro a mover as próprias organizações nessa direção — ainda que elas não alcancem o status de "totalmente impulsionadas por IA".

CAPÍTULO 2

O Lado Humano

Existe uma variedade de fatores que não envolve tecnologias ou mesmo dados e que afeta os recursos de IA, assim como o sucesso de uma organização. Liderança, cultura, atitudes e habilidades são atributos humanos que impactam a inteligência artificial tanto ou até mais do que qualquer outro aspecto de uma empresa. Se estivéssemos prevendo, por meio de um modelo de aprendizado de máquina, a possibilidade de uma organização se tornar movida a IA, essas características seriam determinantes nele.

Muitos líderes de inteligência artificial reconhecem a importância de tais fatores. Por exemplo, entrevistamos os dirigentes de um novo centro de pesquisa em um instituto acadêmico focado em biologia — o Broad Institute em Cambridge, Massachusetts. A organização recebeu um subsídio de US$250 milhões para entender possíveis conexões entre aprendizado de máquina e biologia. Quando indagamos os codiretores do novo Eric and Wendy Schmidt Center da instituição sobre quais questões poderiam impedir que eles alcançassem tal objetivo, ambos mencionaram a cultura em primeiro lugar. Disseram que o pessoal da IA — geralmente cientistas da computação — e os biólogos têm linguagens e intuições muito diferentes para abordar desafios intelectuais. Assim, os codiretores sabiam que conectar essas comunidades seria crucial para o sucesso do centro.

Quando perguntamos o que planejavam fazer em relação a essas questões culturais, eles responderam que ainda se encontravam na fase de explorar estratégias potenciais (isso foi no início do centro). A principal delas era a realização de eventos que reuniriam as duas comunidades para discutir mais a fundo as oportunidades na interface entre os dois campos e as eventuais abordagens para persegui-las. Sem dúvida, eles reconheceram que a ciência da gestão de mudanças para uma colaboração IA/biologia provavelmente é menos avançada do que a própria colaboração.

Até que tomemos medidas concretas para lidar com essas questões humanas, é pouco provável que façamos progressos substanciais nesse sentido. Essa é provavelmente a razão pela qual muitas empresas — mesmo as maiores, que possuem grandes orçamentos em tecnologia — não estão se tornando gradualmente mais orientadas por dados ao longo do tempo. Inclusive, pesquisas com grandes organizações nos EUA sugeriram que essa porcentagem diminuiu nos últimos anos.[1] Mais adiante neste capítulo, descreveremos algumas das intervenções que as empresas que priorizam a IA realizaram para lidar com essas questões.

Um dos principais fatores no progresso de qualquer organização em direção ao uso extensivo de inteligência artificial é uma liderança favorável, ou até mesmo entusiástica nesse sentido. Começaremos então com a caracterização de um CEO que desempenhou um papel muito eficaz em sua empresa, inspirando e orientando a jornada de IA dessa organização.

Retrato de um Líder em IA

Piyush Gupta, CEO do Grupo DBS Bank, está no setor bancário — tradicionalmente conservador — há quase quarenta anos. De alguma forma, contudo, ele conseguiu transformar esse banco, que antes era conhecido por ser "ridiculamente lento", em uma potência de serviços bancários e de atendimento ao cliente, além de se tornar um adotante agressivo de IA. Seus esforços ilustram perfeitamente o impacto de um líder executivo sênior na adoção efetiva de uma nova tecnologia.

Gupta assumiu o cargo de CEO do DBS em 2009, quando a empresa era classificada como a pior em atendimento ao cliente entre os bancos de Singapura. Hoje, ela é considerada uma das melhores em serviço e expandiu significativamente sua presença por toda a Ásia por meio de aquisições e de um crescimento orgânico. O DBS é o maior banco do Sudeste Asiático, com uma presença crescente na China e na Índia. Ele ganhou vários prêmios bancários globais, incluindo o World's Best Bank, pela *Euromoney*; o Global Bank of the Year, pela *The Banker*, e o Best Bank in the World, pela *Global Finance*. Na frente dos bancos digitais, foi nomeado duas vezes como o World's Best Digital Bank pela *Euromoney*.

Antes de chegar ao DBS, Gupta foi CEO do Citigroup para o Sudeste Asiático e o Pacífico, mas suas raízes bancárias estavam em operações e tecnologia. Ele era o braço direito do ex-CEO do Citi, John Reed, talvez o primeiro banqueiro global a entender a importância da informação e da tecnologia para o setor e a liderar uma transformação focada nas informações do back-office e dos negócios de consumo daquele banco. Gupta liderou os Serviços de Transação do Citi na Ásia e depois foi promovido a chefe regional. Ele fez um breve desvio para fundar uma empresa de internet que falhou rapidamente, o que só reforça tanto seu desejo de inovar quanto sua disposição para falhar.

De fato, Gupta diz que suas primeiras iniciativas de IA no DBS foram fracassos, embora instrutivos. Ele os descreve como "ferramentas de sinalização" para a organização. Em 2013, o CEO inscreveu a instituição em um laboratório de inteligência artificial com a A*STAR (Agência para Ciência, Tecnologia e Pesquisa), a principal organização de pesquisa e desenvolvimento do setor público de Singapura. O DBS assinou um contrato de três anos para explorar aplicativos de IA com cientistas de dados designados do banco e da A*STAR. Os pesquisadores trabalharam em meia dúzia de projetos, nenhum dos quais foi bem-sucedido. Mas tanto Gupta quanto a organização aprenderam muito com isso.

Como esses primeiros projetos ilustram, uma das estratégias de Gupta para a IA era simplesmente usar a tecnologia para testar estratégias diferentes. Um dos principais indicadores-chave de desempenho (KPIs) do DBS foi baseado na realização de mil experimentos por ano, muitos deles envolvendo inteligência artificial. Gupta organizava dois dias a cada seis meses para revelar os experimentos e incentivar os funcionários a refletir mais profundamente sobre como poderiam implementar a IA.

O executivo também abriu o leque para a experimentação com inteligência artificial, conferindo às unidades e funções de negócios a flexibilidade de contratar quase-cientistas de dados para ver o que eles poderiam realizar. Gupta citou a equipe de Recursos Humanos como um exemplo de resultado positivo desse experimento. O chefe de RH, sem formação técnica, criou um grupo de trabalho informal para identificar e pilotar aplicativos de IA, que acabou desenvolvendo o aplicativo JIM — Job Intelligence Maestro — para ajudar os recrutadores do DBS a contratar os talentos certos para cargos de alto volume. O RH também desenvolveu um modelo de previsão de desgaste que permitia ao banco analisar pontos como o treinamento de funcionários, os dados de receita, os padrões de licença e muito mais, podendo prever, assim, a probabilidade de um colaborador sair da organização.

É sabido que os dados são o combustível da IA, e muitas empresas tiveram que realizar mudanças substanciais em seus ambientes de dados para torná-los adequados para iniciativas de inteligência artificial mais agressivas. Algo pouco comum é o CEO de uma grande empresa liderar pessoalmente a transformação deles. Gupta credita seu interesse e capacidade de conduzir essa modificação ao seu trabalho com o Citi, no qual ele participou da criação dos primeiros data centers do banco e aprendeu sobre arquiteturas de dados.

A transformação de dados do DBS foi significativa. Como muitas empresas, o banco transferiu grande parte deles de armazéns tradicionais para data lakes, que são muito mais baratos e adequados para dados menos estruturados. Além disso, a instituição criou uma nova estrutura para seus metadados, limpou 80 milhões de registros incompletos, desenvolveu novos protocolos para a permissão de acesso aos dados e determinou quais informações do cliente eram adequadas para se capturar, além de introduzir ferramentas de visualização para tornar as tendências mais aparentes.

Gupta continua lutando com a questão do local para armazenar e processar dados. O banco migrou amplamente para nuvens privadas ao longo dos anos, mas havia dados demais para armazenar tudo *on premise*. Recentemente, a instituição adotou uma abordagem de nuvem híbrida, e, embora essa transição seja complexa, os alicerces foram estabelecidos para que a equipe pudesse experimentar e iterar ao longo do processo.

Sob a liderança de Gupta, o DBS também criou novas estruturas de governança nesse sentido. O banco possui, por exemplo, um Comitê de Uso Responsável de Dados que analisa se os dados voltados para o cliente são apropriados para coleta e uso. Os critérios aplicados não são apenas legais, mas também consideram o que seria aceitável para os clientes. O DBS segue o lema "PURE" — os dados coletados devem ser *Purposeful* (Objetivos), *Unsurprising* (Previsíveis), *Respectful* (Respeitosos) e *Explainable* (Explicáveis).

Gupta se concentrou em outra área da transformação baseada em IA do DBS, o banco do talentos — tanto os profissionais de ciência de dados quanto os muitos "cidadãos cientistas de dados" potenciais em toda a instituição. Ele se orgulha de a instituição DBS empregar atualmente cerca de mil funcionários de dados e análises, incluindo cientistas, analistas e engenheiros de dados — alguns inseridos em um grupo central, mas a maioria distribuída em funções e unidades variadas dentro da empresa.

Por muitos anos, o banco realizou eventos de "hackathons" participativos para gerentes seniores a fim de incentivá-los a pensar em inovação digital e agir nesse sentido. Mais recentemente, Gupta sondou ideias referentes à energização dos trabalhadores e à eliminação do medo da IA. Um de seus funcionários sugeriu incentivar a participação na simulação da AWS DeepRacer League, um jogo de corrida autônomo que ensina aprendizado de máquina e reforço. O DBS buscou treinar até 3 mil funcionários com essa abordagem em 2020. O próprio Gupta participou, declarando ao final: "Fiquei feliz por terminar entre os 100 primeiros." Outros funcionários do DBS também se saíram muito bem, e um deles chegou a ser campeão na AWS DeepRacer League F1 ProAm.

Piyush Gupta está empenhado em continuar desenvolvendo os recursos de IA do DBS. Segundo ele, a tecnologia eventualmente será um "requisito básico" no setor bancário. Embora muitos outros bancos tenham empregado recursos de inteligência artificial de fornecedores externos, Gupta está comprometido em desenvolver casos de uso de IA internamente. "Precisamos ter as mesmas habilidades que os nativos digitais", afirma. "Só assim poderemos continuar inovando e competindo com eles quando for necessário."

O CEO também está empenhado em fazer com que o pessoal do DBS acolha a IA e perca os receios de que essa ferramenta possa roubar seus empregos. Até agora, ninguém perdeu seu posto na instituição, embora algumas pessoas tenham se capacitado para mudar de função. Conforme o banco vai crescendo, ele vai conseguindo desempenhos substanciais com inteligência artificial em certas áreas (como seu centro de atendimento ao cliente, através do uso de um chatbot avançado) para impulsionar o crescimento contínuo. No entanto, Gupta admite que, embora continue comprometido em ajudar seu pessoal a aprimorar as próprias habilidades para que possam agregar valor à IA, ninguém sabe exatamente quão capaz será essa tecnologia no futuro.

Lições de Liderança

O que podemos aprender sobre liderança em IA a partir deste exemplo? Gupta apresenta várias características que podem ser aplicadas a outros líderes e organizações. Em primeiro lugar, a familiarização com a tecnologia da informação ajuda bastante. Um CEO que não tem um histórico como o de Gupta certamente poderia aprender o suficiente sobre a IA e a infraestrutura de TI relacionada para ser eficaz, mas isso exigiria muito esforço de sua parte.

Em segundo, é importante trabalhar em várias frentes. As iniciativas específicas com as quais um líder escolhe se envolver variam entre as empresas, mas os executivos seniores são particularmente importantes na hora de sinalizar interesse na tecnologia, estabelecer uma cultura de decisões baseadas em dados, incentivar a inovação em toda a empresa e motivar os funcionários a adotar novas habilidades.

Em terceiro, os líderes detêm o poder do orçamento. A exploração da IA é um tanto dispendiosa, mas o seu desenvolvimento e a sua implantação de produção são caríssimos. Os líderes de inteligência artificial devem investir o suficiente para permitir ambos os níveis de adoção. Observe que Gupta permitiu experimentos no início da adoção da IA sem exigir muitas justificativas financeiras. Segundo ele, "Um ROI [Retorno Sobre o Investimento] muito precoce sufoca qualquer experimentação". Mais recentemente, o executivo implementou KPIs para funções e unidades de negócios, exigindo que elas documentassem as economias ou retornos de seus projetos de inteligência artificial. O banco de varejo do DBS tem uma meta de 50 milhões de dólares singapurianos quanto aos retornos de IA para esse ano fiscal, e Gupta está confiante de que ela será alcançada.

Em quarto e último lugar, provavelmente é útil para um líder de inteligência artificial sênior envolver-se pessoalmente com algum aspecto da transformação focada em IA. Dados são sempre uma questão importante, embora um número relativamente pequeno de CEOs entenda do assunto tão bem quanto Gupta.

Outra possibilidade de envolvimento pessoal poderia ser o desenvolvimento de um caso de uso de IA particularmente importante. Por exemplo, o negócio de Gestão de Patrimônio do Morgan Stanley — o maior do mundo — desenvolveu um sistema baseado em inteligência artificial para recomendar ideias de investimento aos clientes. O diretor de operações da organização na época era Jim Rosenthal, e o chefe de Gestão de Patrimônio era Andy Saperstein — atual copresidente da empresa. Rosenthal teve, há mais de uma década, a ideia de criar um mecanismo de recomendação semelhante ao da Netflix e supervisionou seu desenvolvimento até se aposentar do Morgan Stanley. Saperstein apoiou fortemente a proposta e, em seguida, supervisionou a adição de recursos de plataforma de comunicação para envolvimento de clientes àquilo que ficou conhecido como o "sistema da próxima melhor ação" (Next Best Action). Jeff McMillan, diretor de dados e análises do Morgan Stanley, disse-nos que o sistema não poderia ter sido criado sem todo esse envolvimento de longo prazo.

Nós identificamos outros líderes fortes em IA entre as empresas impulsionadas por essa tecnologia, e cada um deles tem seus atributos distintos com base no contexto e nas necessidades específicas de seus negócios. Na chinesa Ping An, por exemplo, Peter Ma Mingzhe, um dos fundadores, tem doutorado em economia e serviços bancários, bem como desempenha um papel ativo na identificação de novos casos de uso para inteligência artificial nas várias unidades de negócios associadas aos serviços financeiros da empresa.

Outro exemplo é Galen G. Weston, presidente e CEO da Loblaw, a gigante varejista canadense. Ele, como muitos líderes em IA, tem grande curiosidade intelectual a respeito das tecnologias e de como elas vêm remodelando o setor varejista. A família Weston é dona da maior parte da Loblaw — isso ao longo dos 135 anos de história da empresa —, e eles são conhecidos por terem uma perspectiva de longo prazo única (Sarah Davis, que recentemente se aposentou como presidente da empresa, descreveu-se como "uma pessoa muito matemática").[2]

Weston, particularmente interessado em como dados, análises e IA poderiam melhorar o atendimento de saúde da população canadense, liderou a aquisição da Shoppers Drug Mart, uma grande rede de farmácias e empresa de registros médicos. Como resultado, a Loblaw já possui a maior plataforma de software para cuidados com a saúde do país, além de fornecer informações nutricionais e recomendações saudáveis para os mais de 55 mil produtos vendidos em suas lojas de varejo. Weston comentou em uma conferência que a "saúde personalizada" é a sua motivação para levantar da cama todos os dias.

Alguns dos maiores líderes em IA são tecnólogos por natureza. Como vimos, Gupta, do DBS, é um ótimo exemplo disso. Analisemos agora outros casos. A CCC Intelligent Solutions é uma empresa de médio porte que domina o fornecimento de análise de imagens baseada em dados e em IA para avaliação de danos por colisão em seguros automotivos. Githesh Ramamurthy, antes de se tornar CEO da organização, foi seu diretor tecnológico. Como bom tecnólogo, ele conseguiu conduzi-la por várias direções cruciais com base em apostas de longo prazo referentes às potenciais evoluções tecnológicas. Essas apostas incluíam:

- Uma mudança precoce para a nuvem, visando armazenar e processar dados em um ecossistema amplo;
- Uma investigação e posterior implementação da avaliação de danos por colisão com base em fotos guiadas, tiradas pelos proprietários dos veículos com seus smartphones;
- Uma aposta, mais recentemente, de que o seguro de veículos autônomos e semiautônomos exigirá dados substanciais da telemática

e dos sistemas de IA no veículo para avaliar os danos e a culpabilidade no caso de um acidente.

A liderança em inteligência artificial também implica enxergar o futuro dos negócios de uma empresa e ter a coragem de agir para alcançá-lo. No capítulo 7, descreveremos o percurso que a Deloitte seguiu para se tornar uma empresa impulsionada por IA. Trata-se da maior organização de serviços profissionais do mundo, um setor que, no passado, era muito focado em profissionais humanos. Todavia, Jason Girzadas, diretor-geral de serviços comerciais, globais e estratégicos da empresa, foi responsável por analisar todas as suas unidades de negócios e avaliar a adequação delas ao futuro ambiente econômico e comercial. Assim, ele determinou que a inteligência artificial desempenharia um papel importante no futuro da organização e persuadiu os parceiros da Deloitte a investir pesadamente em processos de negócios de auditoria, impostos, consultoria e consultoria de risco que envolvessem seres humanos e sistemas de IA trabalhando em estreita colaboração. A empresa ainda não se declara totalmente transformada pela ferramenta, mas já é um ótimo começo.

A liderança em inteligência artificial assume várias formas, mas uma característica comum é que, de forma geral, esses líderes estão cientes do que a IA pode fazer, e, em particular, do que pode fazer por suas empresas, e de quais podem ser algumas de suas implicações para as estratégias e modelos de negócios, processos e pessoas. Somente com esse discernimento podem planejar uma função de liderança eficaz. Já para grande parte do restante dessa liderança, eles podem confiar nas habilidades, intuição e capacidade de avaliação de contexto que cultivaram como líderes.

Plantando as Sementes Culturais para o Sucesso

Para empresas estabelecidas como as que estamos descrevendo aqui, um dos maiores desafios para se transformar através da IA é criar uma cultura que enfatize decisões e ações baseadas em dados e que esteja entusiasmada com o potencial transformador da inteligência artificial para seus negócios. Caso contrário, ainda que haja alguns defensores dessa ferramenta espalhados pela organização, eles não obterão os recursos necessários para desenvolver bons aplicativos com a tecnologia; os líderes de funções de IA não poderão contratar pessoas talentosas; e, mesmo que os aplicativos sejam desenvolvidos, a empresa não poderá fazer um uso eficaz deles. Em suma, sem a cultura adequada, mesmo uma ótima tecnologia de inteligência artificial provavelmente não agregará valor algum.

Parte dessa formação cultural pode ser feita em paralelo com a realização de experimentos e projetos de IA. Às vezes, isso também requer algum nível de oferta de educação formal. Muitas empresas iniciaram programas de alfabetização ou fluência em dados nos quais muitos funcionários — talvez até todos — são treinados em tipos de dados, em como esses podem ser usados em programas de analytics e de IA, em que decisões são melhores quando tomadas por meio de dados e em como eles e as formas de compreendê-los contribuem para o sucesso de uma organização. Esses esforços semeiam as bases para o êxito com a inteligência artificial, tornando responsabilidade de todos propor, desenvolver e implementar ferramentas de analytics e de IA por toda a empresa.

Com frequência, os programas principais possuem múltiplos componentes. Tipicamente, há uma necessidade de aprendizagem conceitual em relação a aspectos-chave de dados, analytics e IA. Muitas pessoas aprendem melhor pelo método experiencial, que pode envolver uma simulação ou discussão de estudo de caso. Após a conclusão do treinamento inicial, então, a maioria das organizações se beneficiará da aprendizagem contínua que segue reforçando as principais lições e abordando novos aspectos dos tópicos.

No nível de um projeto específico, a gestão de mudanças geralmente envolve atividades como identificar stakeholders; obter clareza sobre objetivos e expectativas de desempenho para o sistema de IA; comunicar-se com frequência sobre o andamento do projeto, além de apresentar protótipos para obter feedbacks e retreinar/requalificar os funcionários que usarão o novo sistema. Como cientistas de dados e especialistas em inteligência artificial geralmente têm menos interesse em tais atividades do que na construção e na programação de modelos, muitas empresas estão instaurando gerentes de projetos ou de produtos de IA para garantir que as atividades de gestão de mudanças recebam a devida atenção.

Dados de pesquisa confirmam a importância desse tipo de intervenção. As organizações que investem fortemente na gestão de mudanças são 1,6 vezes mais propensas a relatar que as iniciativas de IA superaram suas expectativas, e suas chances de atingir os objetivos desejados é mais de 1,5 vezes maior em comparação com as demais empresas pesquisadas.[3] A Deloitte está seguindo a própria liderança e assessoria de ideias a esse respeito. Em 2021, a empresa lançou a Deloitte AI Academy para criar e expandir seus talentos em inteligência artificial. A ideia não é apenas treinar os próprios profissionais na tecnologia, mas também ser uma criadora de talentos em IA na economia como um todo.

Para líderes de funções de analytics e de inteligência artificial, o evangelismo e a transformação cultural dessa ferramenta podem ser o papel mais importante a ser desempenhado para alcançarem o sucesso com essa tecnologia. A organização de analytics e IA da Disney até usa o termo *evangelística* para enfatizar a importância, dentro de uma empresa, da comunicação com diferentes públicos e da persuasão deles sobre as virtudes da analytics e da inteligência artificial enquanto ferramentas de negócios. Se a sua organização tem a sorte de não precisar de um evangelismo forte em relação a dados e inteligência artificial (embora isso seja improvável), você pode se concentrar na implementação dela.

As etapas que os líderes de grupos de IA podem realizar ao identificar, experimentar e implementar sistemas dessa ferramenta são semelhantes às de outras tecnologias relativamente novas. É aconselhável, por exemplo, alavancar os primeiros usuários e seguir por onde o interesse é alto. Por exemplo, no Bank of Montreal, Ren Zhang, até recentemente chefe do Centro de Excelência em IA, concentrou-se inicialmente em casos de uso dessa ferramenta em empresas com alto volume de dados.[4] A unidade digital do banco, por exemplo, possui grandes volumes de fluxo de dados de cliques dos clientes, precisando de IA e analytics para dar sentido às informações e personalizar as interações com os clientes. O setor de crimes financeiros da instituição também possui dados sobre comportamentos de clientes e funcionários, estando sempre interessado em utilizar as mais recentes ferramentas de inteligência artificial para identificar e impedir atividades criminosas. Zhang não concentrou tanto suas iniciativas de IA nas partes mais conservadoras do negócio. O banco comercial, por exemplo, atende menos clientes do que o de varejo e prefere dar um toque mais pessoal a processos e interações automatizados. Os executivos da função de risco de crédito apoiam o uso de dados e analytics para decisões de crédito melhores, mas esse aspecto do negócio é fortemente regulamentado.

Os líderes de projetos de IA devem solicitar e aproveitar o suporte dos líderes empresariais, garantindo os recursos necessários e convencendo o restante da empresa de que a equipe de gestão apoia seus projetos. Idealmente, isso deve ser feito antes de eles darem início a grandes iniciativas de inteligência artificial. Por exemplo, quando Vipin Gopal recebeu o cargo de diretor-chefe de dados e analytics da Eli Lilly (que está realizando um trabalho interessante e profícuo com IA), uma de suas primeiras atividades foi entrevistar líderes empresariais em toda a organização. Com base nessas entrevistas, ele recomendou três áreas para focar em casos de uso. Para cada um deles, debateu os custos e benefícios com o respectivo líder da área e apresentou as ideias para toda a equipe de executivos seniores. Os projetos foram todos aprovados e estão progredindo com sucesso, sendo que alguns estão apresentando benefícios consideráveis em implantações parciais. Obviamente, quanto mais agressiva for a abordagem em relação à IA, mais importante será garantir que os stakeholders estejam solidamente engajados em tais esforços.

Outro aspecto do alinhamento da organização com a inteligência artificial é comunicar resultados e divulgar sucessos com frequência. Como mencionado anteriormente no caso do DBS, Piyush Gupta incentivou a organização de eventos nos quais os experimentos de IA bem-sucedidos ou promissores eram apresentados algumas vezes por ano. Gopal, na Lilly, também promove eventos desse tipo — não apenas para divulgar resultados, mas também para construir uma comunidade de dados e de pessoas focadas nessa tecnologia em toda a empresa. É especialmente importante reunir os funcionários com alguma frequência — pelo menos uma vez ao ano — nas estruturas organizacionais descentralizadas. Esses eventos podem se concentrar tanto na construção comunitária quanto no aprendizado de novas habilidades e tecnologias relacionadas à IA.

Para as pessoas que lideram os esforços de inteligência artificial dentro das empresas, é importante manter uma visão positiva dessa ferramenta, integrando o valor de curto prazo ao potencial transformador de longo prazo. Muitos executivos — de acordo com nossas pesquisas e as de outras organizações — acreditam que a IA terá um efeito transformador em seus negócios e setores. No estudo realizado em 2020, por exemplo, 75% dos executivos globais entrevistados, todos os quais adotaram a IA, acreditavam que ela transformaria suas organizações rapidamente — dentro de 3 anos.[5]

Para ajudar a atender a essas expectativas, os desenvolvedores de inteligência artificial devem produzir ótimos casos de uso e implantações de produção de aplicativos. No entanto, como já discutimos, a ferramenta atual é relativamente limitada e geralmente não é capaz de lidar sozinha com tarefas inteiras, quanto mais com processos de negócios inteiros. Portanto, os líderes das organizações de IA devem divulgar seus pequenos sucessos e inseri-los no contexto mais amplo das mudanças transformacionais que ajudarão a viabilizar.

Por exemplo, em uma seguradora de saúde focada em inteligência artificial com a qual trabalhamos, o grupo de IA usou um aplicativo de aprendizado de máquina para extrair de arquivos PDF os dados dos segurados. Isso pode parecer uma conquista trivial, mas foi descrita para os stakeholders relevantes como um passo em direção à transformação da interação com o cliente. A extração de dados dos PDFs significava que os atendentes do call center poderiam usá-los para determinar rapidamente os detalhes do plano de saúde de um segurado e responder a perguntas com muito mais facilidade. Isso também foi um ponto de partida para um sistema de inteligência artificial conversacional que acabaria por reduzir a necessidade de chamadas para o call center. Ao falar sobre esse modelo, o chefe de IA enfatizou tanto suas realizações de curto prazo quanto os planejamentos de longo prazo.

Educando os Funcionários sobre a IA e seus Futuros Empregos

Talvez o maior desafio logístico no aspecto humano das questões de IA seja educar os funcionários sobre suas capacidades e o provável impacto que isso terá em seus empregos. Trata-se de algo desafiador por várias razões: há muitos trabalhadores em uma organização de grande porte; é difícil prever quais mudanças a IA trará aos empregos nos próximos anos, e, finalmente, funcionários diferentes têm objetivos e interesses diferentes em relação a seus cargos, então é pouco provável que iniciativas educacionais "padronizadas" sejam bem-sucedidas.

Algumas empresas — geralmente não aquelas que apostam totalmente na IA — consideraram tais desafios como uma razão para limitar a educação de seus funcionários voltada para IA.[6] A liderança de RH de um grande contratante de defesa, por exemplo, justificou sua abordagem com três argumentos:

1. A empresa tem muitas outras prioridades concorrentes mais imediatas. Vale a pena investir em algo tão a longo prazo e cujo impacto é tão incerto?

2. As mudanças no trabalho e a automação estão ocorrendo de forma muito mais lenta do que os especialistas previram. Seremos capazes de nos ajustar conforme as mudanças forem acontecendo. Quando os empregos se modificam, na maioria das vezes, trata-se de uma questão de complementação de tarefas ou aquisição de novas habilidades em vez de demissões. Esse tipo de mudança é menos difícil de empregar e mais fácil de planejar.

3. Há tanta incerteza em torno do prognóstico que existe a probabilidade de estarmos errados. De qualquer maneira, a empresa precisará fazer ajustes em tempo real.

Embora esses argumentos sejam razoáveis, temos uma opinião diferente. Acreditamos que é possível prever algumas mudanças causadas por IA nos empregos, ou pelo menos equipar melhor os funcionários a fim de prepará-los para algumas mudanças genéricas. Embora a complementação seja mais provável do que a automação em larga escala, ela provavelmente levará a mudanças para as quais os trabalhadores precisam estar preparados. Nossa pesquisa de 2018 com adotantes de inteligência artificial constatou que 82% dos participantes esperavam por mudanças moderadas ou substanciais nos empregos dos seus funcionários dentro de 3 anos.[7] Assim, apesar das prioridades concorrentes, acreditamos que seja a hora de educar os trabalhadores sobre essa ferramenta e seus impactos. Isso provavelmente demorará um pouco, então não há tempo a perder. Essas são as mesmas ideias que algumas empresas focadas em IA estão usando para justificar suas ações atuais.

É claro que algumas organizações que desejam reeducar ou requalificar seus funcionários não sabem ao certo quais habilidades específicas serão necessárias para os empregos do futuro, mas estão confiantes de que essas serão orientadas digitalmente. A Amazon, por exemplo, comprometeu-se a investir US$700 milhões em requalificações para garantir que seus funcionários tenham as habilidades necessárias para prosperar em um mercado cada vez mais digitalizado — dentro ou fora da Amazon. Seu foco está no 1/3 de seus trabalhadores que operam em centros de distribuição, na sua rede de transporte e nas funções não técnicas na sede. No caso dos centros de distribuição (mais vulneráveis à automação), a empresa oferece requalificação para funções como técnicos de suporte de TI e, no caso de funcionários corporativos não técnicos, para habilidades de engenharia de software.[8]

Do mesmo modo, os líderes do DBS Bank em Singapura providenciaram treinamento para sete habilidades digitais aos seus trabalhadores, incluindo comunicações, modelos de negócios e tecnologias digitais, além de pensamento orientado por dados. O programa se chama DigiFY e visa capacitar uma grande quantidade de funcionários do banco. Já a Deloitte se concentrou em fazer de seus profissionais verdadeiros especialistas em tecnologia — assumindo que, em um ambiente de negócios orientado para a IA, praticamente todos os funcionários precisarão entender como a tecnologia funciona e se encaixa em seus empregos. As três empresas acreditam que, quaisquer que sejam as mudanças futuras nos empregos, a situação dos trabalhadores — e também de seus empregadores — será melhor se forem mais qualificados nas tecnologias digitais.

Às vezes, essas novas habilidades levam a um novo conjunto de funções. O DBS, por exemplo, criou um grupo de "tradutores" — pessoas com orientação quantitativa que, mesmo não sendo cientistas de dados, podem fazer a mediação entre os stakeholders e os desenvolvedores de IA.[9] Essa é uma função muito importante e que tem sido amplamente discutida, mas não implementada. A instituição decidiu alocar um tradutor para cada dois cientistas de dados em projetos de IA. Sameer Gupta, diretor de analytics do banco, disse que, quando essas duas funções colaboram, os cientistas de dados podem experimentar mais com sua modelagem, enquanto os tradutores podem assegurar que o problema real do negócio esteja sendo abordado de forma específica.

Uma variação dessa estratégia seria educar os funcionários em habilidades de ciência de dados. Essa abordagem geralmente envolve trabalhar com provedores de cursos online da área. A Shell, por exemplo, iniciou uma parceria com a Udacity em 2019, quando a gigante da energia percebeu que não estava sequer perto do número de cientistas de dados necessário para concluir todos os projetos relacionados à IA que estavam em seus planos. Ela criou então um programa piloto para pessoas com experiência em TI e embarcou em uma iniciativa mais ampla destinada a engenheiros de petróleo, químicos, cientistas de dados e geofísicos, entre outros. A conclusão do nanodegree de inteligência artificial normalmente leva de quatro a seis meses, trabalhando de dez a quinze horas por semana. Até o momento em que este livro foi escrito, mais de quinhentos funcionários haviam concluído ou estavam matriculados no curso de nanodegree, e mil haviam concluído outros de alfabetização de dados e alfabetização digital.

Da mesma forma, a Airbus firmou parceria com a Udacity para treinar mais de mil funcionários em ciência de dados e analytics. A empresa pede tanto aos trabalhadores quanto aos gestores que dediquem doze horas por semana ao treinamento. Esses últimos trabalham com os funcionários para identificar um projeto piloto em ciência de dados no qual eles possam trabalhar, e então monitoram seu progresso. A Airbus acredita que a iniciativa de treinamento traz múltiplos benefícios: ela não apenas aumentou o número de pessoas capacitadas em IA, mas também criou uma comunidade de pessoas interessadas em ciência de dados e em inteligência artificial que podem colaborar com o grupo central de ciência de dados. O programa de treinamento também é um meio de implementar melhores práticas de inteligência artificial na empresa, e os projetos ajudam a familiarizar os gestores e seus negócios com essa tecnologia.

Algumas organizações estão tentando prever a natureza dos empregos futuros e as habilidades que serão exigidas, o que é bastante difícil. Ainda que tais previsões sejam possíveis, elas provavelmente diferirão substancialmente de trabalho para trabalho. Não obstante, essas empresas estão adotando abordagens que visam prever o futuro de todos os cargos nas próprias organizações, aqueles particularmente propensos a serem afetados pela IA, ou aqueles mais intimamente ligados a estratégias futuras.

Um grande banco dos EUA, por exemplo — e adotante agressivo de IA —, anunciou um investimento de US$350 milhões em requalificações ligadas a mudanças de empregos relacionadas à inteligência artificial, e ele está sendo preditivo e detalhado em relação à iniciativa.[10] O banco tem trabalhado com pesquisadores do MIT e de outras instituições para entender — com base em uma avaliação de "adequação para aprendizado de máquina" (SML) — quais habilidades e empregos têm maior probabilidade de serem suplantados pela IA.[11] A análise de SML ajudará o banco a planejar mudanças para esses cargos e a capacitar os funcionários com as habilidades necessárias para eles serem bem-sucedidos em seus empregos modificados ou fazerem a transição para novos trabalhos. Algumas organizações estão fazendo previsões específicas para empregos com base em suas estratégias ou produtos. Na Europa, um consórcio de empresas de microeletrônica, o Euro Pact for Skills, está destinando €2 bilhões para treinar funcionários atuais e futuros em componentes e sistemas eletrônicos. A General Motors está treinando seus trabalhadores para fabricar veículos elétricos e autônomos. A Verizon está contratando e treinando cientistas de dados e profissionais de marketing para expandir sua tecnologia 5G wireless. A SAP está aprimorando as habilidades dos funcionários em computação na nuvem, desenvolvimento de IA, blockchain e internet das coisas. As previsões das tendências e direções específicas do setor que orientam a requalificação dos trabalhadores são mais simples do que para os negócios em geral, embora também possam dar errado.

A Unilever, empresa que depende fortemente da IA agora e também no futuro, está adotando uma abordagem diferente a fim de preparar seus funcionários para os empregos que estão por vir. Em vez de tentar prever quais cargos serão alterados, a empresa está ajudando os trabalhadores a terem mais autonomia sobre as próprias trajetórias profissionais. Assim, eles poderão realizar as mudanças que desejam em seus empregos e carreiras, em vez de esperarem para reagir àquelas que lhes forem impostas. A Unilever facilita esse processo descrevendo progressões alternativas de carreira: ela ajuda os funcionários a escolher ocupações-alvo e entender as habilidades necessárias para alcançá-las. Em seguida, a organização lhes oferece uma ampla gama de opções de treinamento — tanto internas quanto externas — para que possam adquiri-las.

Da mesma forma, uma das ferramentas de RH mais populares da GE Digital — uma das primeiras a adotar a IA para aplicações de manufatura — mostra aos funcionários quais são os próximos passos naturais das funções que exercem atualmente na empresa.[12] Eles podem consultar a ferramenta para ver os possíveis caminhos a seguir, as habilidades que podem precisar adquirir, ou até mesmo os cargos que estão em aberto. Isso os ajuda a sentir que têm mais oportunidades e mais controle em relação aos seus cargos.

Qualquer tipo de educação em IA e questões relacionadas é provavelmente algo positivo, ainda mais quando é atraente para os envolvidos — independentemente da pessoa, é evidente, mas principalmente para os executivos. Várias empresas cunharam programas que envolvem investigação ativa e desenvolvimento de projetos relacionados à inteligência artificial para os altos executivos. O DBS, por exemplo, criou "hackathons" nos quais o objetivo era menos escrever um programa e mais pensar em todos os elementos que entrariam em um produto ou serviço orientado para a IA. A unidade de negócios de Gestão de Patrimônio do TD Bank tinha um programa semelhante, o WealthACT, que incluía visitas a centros tecnológicos como Vale do Silício, Boston e Montreal, assim como envolvia entrevistas com clientes e desenvolvimento de novos produtos.[13]

É claro que as empresas movidas a IA entenderam que essa ferramenta não diz respeito apenas à tecnologia, propriamente: elas são impulsionadas por líderes fortes, estão construindo culturas orientadas por dados e educando seu pessoal para participar ativamente de suas jornadas de inteligência artificial. A maioria provavelmente atestaria o fato de que a tecnologia dessa ferramenta é a parte mais fácil; mobilizar pessoas e organizações para explorá-la, desenvolvê-la e utilizá-la é o verdadeiro desafio. Mas esses adotantes agressivos de IA têm tido sucesso nesse objetivo e podem servir de modelo para outras organizações que desejam levar a inteligência artificial a sério como uma arma competitiva e uma ferramenta para a transformação dos seus negócios.

Estratégia

Se você não tem uma visão da estratégia de IA da sua organização, então não está preparado para a próxima onda de disrupção tecnológica. Precisará decidir qual papel sua empresa desempenhará na próxima onda tecnológica e como você integrará essa ferramenta aos seus negócios para ser líder no setor.

— *escrito autonomamente pelo Sistema de IA Megatron, da Nvidia*

Muitas vezes pensamos na IA como a área principal de cientistas de dados e tecnólogos, que são as figuras necessárias para treinar e implantar seus modelos. Contudo, também precisamos envolver grupos diferentes e ter outros tipos de conversas nas organizações que estão sendo transformadas pela inteligência artificial. Essas empresas devem se indagar cada vez mais: "Como a IA pode melhorar nossos negócios?"; "O que podemos fazer com ela para criar novas ofertas que nos ajudem a crescer?"; "Como podemos lucrar com a inteligência artificial?" Essas perguntas, que certamente estão sendo feitas e respondidas dentro das organizações impulsionadas por essa tecnologia, fazem parte de conversas estratégicas que precisam ser conduzidas entre gerentes seniores e departamentos, bem como até mesmo consultores, estratégicos.

São conversas que podem ser desafiadoras, exigindo tanto conhecimento sobre as situações de negócios e as possibilidades estratégicas quanto sobre como a IA pode vir a abordá-las ou transformá-las. É por isso que "conversas" é o melhor termo para ser usado aqui — nenhum indivíduo pode ter isoladamente todas as ideias; elas devem ser refinadas por meio de discussões e deliberações.

Existem três arquétipos estratégicos principais para o que uma organização tenta alcançar com a IA. Qualquer estratégia nesse sentido deve ser considerada no contexto do arquétipo que se espera alcançar. Os três incluem:

- *Criar algo novo*, incluindo aqui novos negócios ou mercados, novos modelos ou ecossistemas de negócios, novos produtos e/ou novos serviços;
- *Transformar operações*, tornando-se substancialmente mais eficiente e eficaz no que se refere à estratégia já existente da empresa;
- *Influenciar o comportamento do cliente,* usando a IA para influenciar um comportamento crítico dos clientes, por exemplo, a forma como eles socializam, cuidam de sua saúde, gerenciam suas vidas financeiras, dirigem seus veículos e assim por diante.

Neste capítulo, descreveremos uma série de tópicos envolvendo os impactos estratégicos da IA e analisaremos alguns exemplos de empresas que abordam cada um desses arquétipos estratégicos. Entre as organizações com foco em inteligência que discutiremos estão:

- Para novos negócios e mercados: Loblaw
- Para novos produtos e serviços: Toyota e Morgan Stanley
- Para novos modelos e ecossistemas de negócios: Ping An, Airbus, Shell, SOMPO e Anthem
- Para transformação das operações: a Kroger Co.
- Para influência do comportamento dos clientes: uma variedade de empresas, incluindo FICO, Manulife, Progressive Insurance e Well.

Muitas dessas organizações estão perseguindo mais de um arquétipo estratégico com IA ao mesmo tempo. No entanto, vamos nos concentrar naquele primário que cada uma delas está tentando alcançar.

Arquétipo Estratégico 1: Criar Algo Novo

A IA possibilita a criação de várias formas novas de se fazer negócios nas empresas por ela impulsionadas. Isso pode incluir novos negócios e mercados, novos produtos e serviços e — talvez a possibilidade mais empolgante — novos modelos e ecossistemas de negócios. Descreveremos cada uma dessas abordagens de criação e forneceremos um exemplo detalhado (ou vários, em alguns casos) de empresas que as adotaram.

Novos negócios e mercados

As empresas impulsionadas por IA utilizam essa ferramenta não apenas para apoiar seus negócios existentes, mas também para facilitar a criação de outros e a própria entrada em novos mercados. Elas aproveitam suas vantagens obtidas com a inteligência artificial para oferecer novos tipos de produtos e serviços, ou oferecer aqueles já existentes de uma maneira mais eficiente. Embora consideremos essa opção de criação uma boa ideia, os resultados das nossas pesquisas anuais "IA nas Empresas" sugerem que a maioria delas utiliza inteligência artificial para aprimorar seus processos de negócios já existentes. No entanto, a pesquisa de 2021 descobriu que as organizações com desempenho inferior (chamadas de iniciantes e insuficientes) tendiam a se concentrar mais em metas que visavam a eficiência ou a redução de custos, enquanto aquelas de alto desempenho (chamadas de transformadoras e desbravadoras) eram mais propensas a enfatizar metas orientadas para o crescimento, tais como melhorar a satisfação do cliente, criar novos produtos e ofertas e acessar novos mercados. Outra evidência do valor de um pensamento estratégico inovador em relação à IA vem de uma análise recente da *MIT Sloan Management Review*, a qual descobriu que as empresas que usam essa ferramenta majoritariamente para explorar e criar novas formas de valor comercial têm 2,7 vezes mais chances de melhorar sua capacidade competitiva com inteligência artificial do que aquelas que a usam sobretudo para aprimorar processos já existentes.[1]

A Loblaw está utilizando IA para impulsionar seu crescimento no setor de saúde. Mais conhecida por suas lojas de varejo de alimentos — compondo a maior rede de supermercados do Canadá —, ela tem investido fortemente nesse setor. Em 2013, a empresa adquiriu a Shoppers Drug Mart, a maior rede de farmácias do país. Em 2017, comprou a fornecedora de prontuários eletrônicos de saúde QHR. E em 2020, fez um investimento minoritário na provedora de telemedicina Maple. A Loblaw possui mais de 2 mil locais de atendimento por meio dos quais oferece seus serviços de saúde, além de mais de 150 clínicas.

Todavia, os líderes da empresa costumam afirmar que "o futuro da assistência médica é digital", e grande parte desse direcionamento foca o aplicativo PC Health (PC, ou President's Choice, é a marca varejista de alto desempenho da Loblaw). O aplicativo não foi projetado para substituir os serviços de saúde existentes no Canadá, a maioria dos quais é nacionalizada. Em vez disso, ele se destina a ajudar os canadenses a navegar de forma eficaz pelo sistema de saúde e oferecer uma "porta de entrada" para os serviços desse setor. A Loblaw também oferece o maior programa de fidelidade do Canadá, no qual os usuários do PC Health podem ganhar pontos de fidelidade por atividades relacionadas à saúde. Por exemplo, no futuro, a Loblaw planeja integrar o PC Health aos dados de dispositivos médicos portáteis e domésticos, bem como recompensar comportamentos saudáveis com pontos de fidelidade.

Grande parte da IA no PC Health está disponível por meio de uma parceria com a League, uma startup canadense que fornece recomendações de saúde personalizadas e programas sob medida para objetivos de saúde específicos. Essa empresa também trabalha com empregadores e seguradoras. Embora utilize a inteligência artificial para fornecer recomendações personalizadas, tanto a startup quanto a Loblaw estão comprometidas em oferecer conselhos de saúde provenientes de seres humanos — farmacêuticos, enfermeiros e médicos.

Os ativos de dados da Loblaw na área da saúde são robustos. Ela possui prontuários médicos eletrônicos, dados de prescrição de farmácias e até mesmo uma ampla coleção de dados imaginológicos. Para além disso, a organização também sabe que tipos de alimento muitos de seus clientes compram nos supermercados da rede. Dada a experiência positiva até o momento, parece bastante provável que a Loblaw continue a trazer novas ofertas de saúde baseadas em IA.

Novos produtos e serviços

Outro uso estratégico da inteligência artificial envolve criar novos produtos e serviços ou trazer melhorias significativas aos já existentes. Essa é uma tendência familiar entre empresas do Vale do Silício, que adicionaram essa ferramenta a muitos produtos. No Google, por exemplo, ela está incorporada à pesquisa, Gmail, Maps, Home, Tradutor e muitos outros produtos e serviços. No entanto, como sugerimos anteriormente, adicionar IA aos produtos é algo natural para as organizações nativas digitais. Com frequência, é muito mais desafiador para as empresas estabelecidas incorporá-la aos seus produtos e serviços de maneira significativa.

IA em novos produtos: veículos autônomos

Talvez o exemplo mais óbvio de acrescentar a inteligência artificial a um produto físico seja o dos veículos autônomos. Infelizmente, tem havido alguns problemas com o conceito de condução totalmente autônoma. Na verdade, o mundo automobilístico está recuando silenciosamente em relação a isso. A autonomia dos veículos está intimamente ligada ao compartilhamento de viagens, e, na era pandêmica do início dos anos 2020, os clientes parecem menos dispostos a compartilhar transporte.[2] Alguns fabricantes de veículos autônomos alegaram a existência de capacidades de condução autônoma para táxis-robôs e veículos privados, mas esses projetos foram descontinuados ou adiados — em alguns casos, várias vezes. A startup de caminhões autônomos Starsky Robotics, por exemplo, encerrou suas atividades. Como a revista *Car and Driver* colocou no título de um artigo recente, "Carros Autônomos estão Demorando Mais para Serem Construídos do que Todos Pensavam".[3]

O consenso na indústria parece ser que já percorremos 80% do caminho para os carros autônomos, mas que os 20% restantes levarão tanto tempo quanto os 80% iniciais — o que demorou cerca de 40 anos. Os carros autônomos estão prosperando em alguns ambientes altamente restritos — zonas com cercas geográficas e sem pedestres em cidades quentes e secas como Phoenix, por exemplo, onde os táxis-robôs do Google/Waymo trafegam em um conjunto predefinido de ruas —, mas esses ambientes restritos podem não ter veículos suficientes para permitir que a indústria prospere.

A estratégia da Toyota para carros inteligentes nos parece interessante. O nome da organização não é necessariamente o primeiro que aparece na lista de desenvolvedores de veículos autônomos, ou mesmo de empresas focadas em IA em geral. Mas há anos ela vem desenvolvendo o Guardian — um projeto com foco em inteligência artificial do Toyota Research Institute (TRI) que tem como objetivo tornar a condução humana mais inteligente e segura. Gill Pratt, CEO do TRI, tem ressaltado a questão da segurança há vários anos. Depois de uma conferência do MIT realizada em 2017, na qual Pratt falou sobre veículos autônomos, Tom escreveu:

> Ele [Pratt] destacou, por exemplo, que embora os acidentes automobilísticos causem menos de 1% das mortes de adultos nos Estados Unidos, eles também provocam 35% das mortes de adolescentes. Levando isso em consideração, a Toyota está tentando desenvolver um veículo com um modo "Guardian" [Guardião] para proteger os adolescentes (e outros maus motoristas, presumivelmente) de cometerem erros fatais na direção. A empresa também está trabalhando em um modo "Chauffeur" para motoristas mais velhos que precisam de ajuda contínua — algo particularmente importante no Japão, cuja população está envelhecendo rapidamente.[4]

Pratt e o TRI ainda estão trabalhando nos projetos Guardian e Chauffeur. É difícil saber o quão avançados eles estão, embora uma descrição de cargo do TRI contenha a seguinte informação:

Junte-se a nós em nossa missão de melhorar a qualidade da vida humana por meio de avanços em inteligência artificial, condução automatizada, robótica e ciência dos materiais. Estamos empenhados em construir um mundo de "mobilidade para todos", onde todas as pessoas, independentemente de sua idade ou habilidade, possam viver em harmonia com a tecnologia para desfrutar de uma vida melhor. Por meio de inovações em IA, ajudaremos a:

- Desenvolver veículos incapazes de causar acidentes, independentemente das ações do motorista.
- Criar tecnologias para veículos e robôs as quais ajudem as pessoas a desfrutar de novos níveis de independência, acesso e mobilidade.
- Levar tecnologias de mobilidade avançadas para o mercado mais rapidamente.
- Descobrir novos materiais que tornarão as baterias e células de combustível movidas a hidrogênio menores e mais leves, baratas e potentes. [Nota: esta pesquisa do TRI também se baseia extensivamente na inteligência artificial].
- Desenvolver sistemas de IA centrados no ser humano para complementar (e não substituir) as tomadas de decisão humanas a fim de aumentar a qualidade delas (por exemplo, mitigar vieses cognitivos) e/ou facilitar ciclos mais rápidos de inovação.[5]

A Toyota revelou algumas informações específicas sobre o Guardian na Consumer Electronics Show de 2019, no qual ela, em um comunicado de imprensa, descreveu uma abordagem de "controle de envelope combinado" para reforçar a segurança.[6] Os detalhes ainda são desconhecidos, mas parece tratar-se de uma situação de drive-by-wire (controles digitais), na qual o motorista fornece comandos ao computador de bordo, e a máquina pode modificá-los caso pareçam perigosos. De acordo com a Toyota, essa abordagem é semelhante ao funcionamento de um avião de combate moderno.

Ainda é cedo para dizer como os motoristas reagirão ao fato de terem suas intenções vetadas por carros; pode parecer um pouco demais em termos de inteligência e controle dos veículos. Mas a maioria das pessoas não parece ter reagido negativamente aos avisos de mudança de faixa que fazem o volante vibrar, ou aos sistemas de frenagem autônoma que entram em ação quando detectam um objeto muito próximo. O sistema

Guardian, mais agressivo, pode ser visto simplesmente como uma extensão desses dispositivos complementares ao motorista.

Claro, tudo isso é apenas uma estratégia. A implementação fará toda a diferença para o eventual sucesso ou fracasso da abordagem Guardian. Por precaução, a Toyota e o TRI também estão trabalhando no Chauffeur — a abordagem de autonomia completa —, embora a empresa tenha sugerido recentemente estar se concentrando no Guardian. Pratt afirmou que os recursos de segurança estarão disponíveis "na década de 2020", o que parece muito mais realista do que previsões iminentes sobre autonomia completa. A Toyota tem outra marca de sistema de assistência avançado ao motorista chamada Teammate, que está sendo introduzida em alguns modelos de 2022 e oferece recursos de navegação e estacionamento semiautônomos.

Vemos muitos benefícios dessa estratégia para a Toyota. A empresa é conhecida por produzir veículos altamente confiáveis e que melhoram gradualmente a cada ano — pelo Sistema Toyota de Produção —, e essa abordagem de inteligência veicular se encaixa bem na cultura da companhia. O foco na segurança também tem maior probabilidade de proporcionar retornos econômicos muito antes de a autonomia completa fazê-lo. As fabricantes de automóveis e empresas de capital de risco investiram mais de US$16 bilhões em projetos de autonomia completa, mas os retornos de curto prazo dessa quantia parecem improváveis. Não obstante, um pai ou motorista mais velho mais preocupados com a questão da segurança podem optar por adquirir um Toyota devido aos recursos do Guardian. Adicionar autonomia baseada em IA aos veículos ou aumentar a segurança do motorista certamente caracterizam uma estratégia de longo prazo, mas a abordagem Guardian para incorporação da inteligência artificial parece, no curto prazo, uma aposta melhor do que a autonomia completa.

De forma similar, a Airbus vem trabalhando há vários anos em recursos de navegação visual para aviões e helicópteros, incluindo atividades de taxiamento, decolagem e pouso que historicamente não faziam parte dos sistemas de piloto automático das aeronaves. Embora tenha implementado viagens aéreas autônomas de vários tipos, a Airbus não tem a intenção de substituir pilotos humanos por essas ferramentas de IA.

Em vez disso, o foco é na assistência ao piloto e no aprimoramento da segurança.

IA em novos serviços: gestão de patrimônio

A inteligência artificial também pode ser usada para diferenciar e agregar valor aos serviços. Isso geralmente significa apresentar a mesma oferta de antes, mas de uma maneira diferente e mais inteligente. Por exemplo, há mais de dez anos, Jim Rosenthal, então diretor de operações do Morgan Stanley, teve a ideia de que um mecanismo de recomendação semelhante ao da Netflix poderia ajudar o grupo de gestão de patrimônio do banco a diferenciar suas ofertas. O Morgan Stanley possui uma extensa prática de patrimônio — é a terceira maior no mundo no quesito ativos sob gestão, ficando atrás apenas do UBS e do Credit Suisse — e tradicionalmente se concentrava no uso de consultores financeiros humanos para aconselhar os clientes.[7]

Desde que Rosenthal surgiu com a ideia do mecanismo de recomendação, o Morgan Stanley tem trabalhado em um sistema de próxima melhor ação (NBA) a fim de fornecer aos seus consultores insights financeiros para apresentar aos clientes. A empresa experimentou uma variedade de tecnologias de IA e optou pelo aprendizado de máquina com o objetivo de identificar investimentos, relevância e ações de interesse para um determinado cliente. Quando o sistema foi originalmente introduzido em 2017, o foco era apenas a criação de ofertas de investimento personalizadas. O NBA permite que o consultor financeiro identifique uma ideia de investimento personalizada para um cliente em questão de segundos — tarefa que anteriormente levava cerca de 45 minutos. A abordagem manual realmente não é viável quando o consultor financeiro médio tem cerca de duzentos clientes ou mais.

O sistema NBA também pode recomendar cerca de vinte ou mais ideias possíveis para enviar a certo cliente em um determinado dia, mas é o consultor financeiro que decide se deve mandá-las. O NBA pode, por exemplo, informar ao investidor que tem um determinado título que sua classificação foi rebaixada e então recomendar uma alternativa. Também pode avisar quando o consultor notar que o cliente acabou de adicionar

US$100 mil à própria conta e então sugerir que esse entre em contato com o consultor para discutir ideias de investimento. Se um fundo mútuo ou um fundo negociado em bolsa tiver uma mudança na gestão, o sistema pode sugerir entrar em contato com o investidor para discutir se ele deve permanecer no fundo. Perto do final do ano fiscal, o NBA pode sugerir algumas considerações de planejamento tributário para o cliente. Nesse contexto, o sistema é usado para fazer a transição de um investidor para uma carteira gerida de forma mais ativa.

O NBA também faz recomendações sobre nível de risco e problemas dentro de uma carteira de investimentos com base em uma parceria com a BlackRock e sua plataforma de gestão de risco Aladdin Wealth. Ele examina continuamente as carteiras dos clientes à procura de tipos de risco variados. Se a Aladdin detectar um risco alto, o investidor será notificado e incentivado a discutir o assunto com seu consultor financeiro.

Desde 2017, o Morgan Stanley também tem se concentrado nos aspectos de engajamento do cliente e de comunicação do sistema NBA. A equipe administrativa da unidade de Gestão de Patrimônio concluiu que a principal forma de um consultor financeiro alcançar o sucesso é por meio do engajamento frequente com o cliente. E o sistema NBA, que agora inclui uma plataforma de comunicação com os investidores, facilita esse processo. Como disse Jeff McMillan, diretor de analytics da empresa, em uma entrevista: "Temos um algoritmo de aprendizado de máquina muito sofisticado para identificar tópicos de interesse para os clientes. Mas, no final das contas, a consultoria financeira é uma dinâmica baseada em interações humanas. Se o sistema simplesmente lembrar os investidores que o consultor está lá para auxiliá-los, isso já costuma ser suficiente."

O uso do NBA é voluntário — nem todos os consultores financeiros o utilizam —, e portanto é impossível atribuir ativos sob gestão ou outras medidas financeiras ao sistema ou à sua plataforma de comunicações. Mas McMillan afirmou que os consultores que o adotam são mais eficientes — pois a ferramenta lhes permite criar ideias de investimento relevantes com muito mais agilidade —, e seus clientes, mais engajados. O sistema foi particularmente útil durante a pandemia de Covid-19, quando os consultores financeiros enviaram mais de 11 milhões de mensagens aos clientes apenas nos dois primeiros meses do lockdown. Eles não podiam se encontrar pessoalmente, mas podiam se comunicar online.

Outras empresas de gestão de patrimônio de ponta afirmam ocasionalmente que a IA não é capaz de gerir carteiras de clientes que incluem investimentos alternativos, tais como arte, commodities ou private equity. Mas McMillan nos disse que essa não é uma boa justificativa:

> Existe a percepção de que essas ferramentas são adequadas apenas para o segmento de "afluentes em massa", e não para o patrimônio líquido elevado. O argumento é que as populações são muito pequenas para que existam recomendações confiáveis. Mas nós podemos gerar oportunidades específicas com base no comportamento e nas características do cliente. Se não houver dados suficientes para o aprendizado de máquina, podemos usar regras de negócios ou uma abordagem de teste e controle para ver o que está gerando resposta.

McMillan comentou que isso não é apenas um sistema, mas uma forma de fazer negócios que os concorrentes dificilmente conseguiriam replicar. Ele credita isso à abordagem multifuncional de gerenciamento do sistema e do processo, bem como aos executivos perspicazes que apoiaram a ideia ao longo do tempo. Além de Rosenthal, que agora está aposentado, McMillan também atribui crédito a Andy Saperstein, ex-diretor de Gestão de Patrimônio e atual copresidente do Morgan Stanley. Na nossa opinião, McMillan também merece muito crédito por tornar o sistema NBA uma realidade.

Novos modelos de negócios e ecossistemas

A IA tem viabilizado novas estratégias e modelos de negócios nas últimas duas décadas, embora a maioria das empresas que se beneficiam disso sejam nativas digitais. É claro que isso funcionou muito bem para elas; suas plataformas multilaterais — nas quais gerenciam relacionamentos entre compradores e vendedores — têm crescido rapidamente e sido muito lucrativas. A pesquisa do consultor Barry Libert sobre tipos de modelos de negócios mostrou que as plataformas multilaterais têm as valorizações mais altas entre quaisquer outras modalidades — apresentando resultados que ultrapassam em mais de quatro vezes os múltiplos de receita anual associados a alguns modelos de negócios tradicionais.[8]

A IA desempenha um papel importante em fazer com que os modelos de negócios de plataforma funcionem. Os dados provêm de todos os participantes, e o aprendizado de máquina ajuda a combinar os clientes com os produtos e serviços de que precisam ou que desejam. As ofertas podem ser personalizadas com a inteligência artificial. E os milhões que utilizam as plataformas precisam de um atendimento ao cliente muito eficiente, como aquele fornecido por agentes inteligentes e chatbots. Não é de surpreender, então, que empresas como Facebook, Airbnb, Amazon, Google, Uber, Alibaba, Tencent e outras das maiores usuárias de plataformas também sejam líderes mundiais na aplicação de IA em seus negócios.

Mas as empresas movidas a inteligência artificial em setores estabelecidos também estão começando a desenvolver modelos de negócios baseados em plataformas impulsionadas por IA. Elas estão adicionando novos empreendimentos e criando novos ecossistemas de negócios para crescer, coletar dados, e atrair e atender novos clientes.[9] Para essas organizações, a inteligência artificial vem se tornando o principal meio de reduzir atritos para os consumidores. Evidências de que líderes de IA vêm adotando uma abordagem de ecossistema provêm de nossa pesquisa de 2021, a qual constatou que organizações com ecossistemas mais diversos eram 1,4 vezes mais propensas a usar a inteligência artificial de uma forma que as diferenciasse de suas concorrentes. Além disso, os dois grupos de usuários de IA com melhor desempenho na pesquisa — denominados transformadores e desbravadores — eram muito mais propensos a ter dois ou mais relacionamentos em ecossistemas (a chance era de 83% para os 2 grupos mais bem-sucedidos, contra 70% e 59% para os outros com desempenho inferior). As organizações com ecossistemas diversos também eram significativamente mais propensas a ter uma visão transformadora para a IA, a adotar estratégias dessa ferramenta em toda a empresa e a usar a inteligência artificial como um diferencial estratégico. Essas descobertas da pesquisa não envolvem necessariamente plataformas completamente desenvolvidas, mas a criação de um ecossistema é o primeiro passo em direção a essa capacidade.

Ecossistemas orientados por IA: Ping An

Talvez o melhor exemplo de um ecossistema orientado por IA seja a companhia chinesa Ping An, que começou como uma seguradora em 1988, mas atualmente se descreve como uma empresa líder em serviços financeiros ao consumidor, oferecendo produtos e serviços por meio de uma plataforma integrada. Seus negócios incluem serviços financeiros, assistência médica, serviços automotivos e para cidades inteligentes.

No setor de saúde, por exemplo, o ecossistema da Ping An nessa área conecta governo, pacientes, prestadores de serviços médicos, seguradoras de saúde e tecnologia. Ele utiliza serviços relacionados à IA para ajudar médicos a diagnosticar e tratar condições ligadas a mais de 2 mil doenças. Até setembro de 2021, a operação tinha atendido 400 milhões de usuários, realizando um total de 1,2 bilhão de consultas acumuladas e contando com uma equipe médica interna de 2 mil pessoas e mais de 46.500 médicos externos. Ela tem parceria com 189 mil farmácias, 4 mil hospitais e 83 mil instituições médicas. Esses números ilustram não apenas o tamanho da população da China, mas também a rápida expansão possibilitada por um modelo de negócios de plataforma digital.

Embora o valor principal desse ecossistema seja o crescimento dos negócios e o fornecimento de assistência médica de maneira eficaz, ele também é fundamental para acumular insights que servem para treinar modelos de IA. Com as permissões e autorizações adequadas, o ecossistema de saúde da Ping An pode obter dados de: pagamentos e reivindicações de pagadores; tratamento de provedores de cuidados; prescrições de farmácias; sintomas de pacientes e outros tipos de informações de outros membros do ecossistema. Em 2020, a Ping An possuía dados referentes a mais de 30 mil doenças e mais de 1 bilhão de registros de consultas médicas. Ao todo, o modelo de negócios da empresa compreende o que Jing Xiao, seu cientista-chefe, chama de "um oceano de dados profundo".

A Ping An também oferece serviços de análise de imagens radiológicas por meio de sua unidade de saúde inteligente, que faz parte do seu ecossistema de cidades inteligentes. Seu sistema de leitura de imagens reduziu de quinze minutos para quinze segundos os tempos de diagnóstico que auxiliam médicos e consultores médicos. Isso também permite que a Ping An colete mais imagens rotuladas, o que, por sua vez, ajuda a empresa a melhorar seus modelos de aprendizado de máquina para análise de imagens.

Poderíamos descrever sinergias e crescimentos semelhantes em outros ecossistemas. A relação saúde/cidade inteligente é apenas um exemplo da estratégia da Ping An para desenvolver um ecossistema de ecossistemas. Em 2020, por exemplo, 36% de seus 37 milhões de novos clientes foram provenientes de seus ecossistemas. Até junho de 2021, quase 62% dos mais de 223 milhões de clientes de varejo da empresa utilizavam serviços de seu ecossistema de saúde. Em média, esses clientes têm mais contas e mais ativos do que os outros. A Ping An afirma estar buscando mais conexões entre os serviços financeiros de estilo de vida e os ecossistemas de serviços de saúde.

Novos ecossistemas emergentes na Airbus, Shell e SOMPO

Muitas das outras empresas movidas a IA que identificamos também estão procurando por ecossistemas e plataformas, mas se encontram em estágios iniciais quando comparadas à Ping An. Neste momento, elas ainda estão explorando modelos de negócios e receitas, mas seguem à procura de abordagens de compartilhamento e integração de dados, bem como começaram a desenvolver aplicativos de IA para análise de dados.

A Airbus, por exemplo, lançou a Skywise, plataforma de dados abertos que foi estabelecida em colaboração com a Palantir Technologies, em 2017. O objetivo da empresa era se tornar a plataforma de referência utilizada por todos os principais players da aviação para melhorar seu desempenho operacional e seus resultados comerciais, além de apoiar as próprias transformações digitais. As aeronaves comerciais atuais podem gerar mais de 30GB de dados diariamente, analisando mais de 40 mil parâmetros operacionais ao redor de si. Em 2021, a Skywise tinha mais de 140 companhias aéreas e mais de 9.500 aeronaves conectadas.

Desde o lançamento da plataforma, os especialistas em analytics e IA da Airbus desenvolveram uma série de aplicativos adicionais que aproveitam todos os dados disponíveis: Skywise Health Monitoring, Skywise Predictive Maintenance e Skywise Reliability. O objetivo desses aplicativos é melhorar o desempenho da frota e, em última análise, acabar com a manutenção não programada.

O monitoramento de saúde integra todos os dados da aeronave em tempo real. Ele analisa e prioriza os eventos de equipamento, permitindo uma tomada de decisão mais rápida, e pode orientar onde encontrar as peças necessárias. A manutenção preditiva, tal como é usada em muitos outros setores, utiliza dados e aprendizado de máquina para prever quando os componentes da aeronave precisam de manutenção, em vez de cuidar desse processo em intervalos fixos. A confiabilidade fornece métricas detalhadas sobre equipamentos e pode identificar e priorizar problemas técnicos em uma frota de aeronaves. A Airbus também mantém um conjunto de dados de rastreamento global no qual as companhias aéreas podem se inscrever para rastrear as próprias frotas e as de outros operadores em todo o mundo.

A Airbus criou um ecossistema ainda mais aberto em sua divisão de defesa e espaço com seu serviço de análise e imagens de satélite OneAtlas. Seus satélites captam as imagens, e então seus modelos de aprendizado profundo (desenvolvidos pela Airbus e seus parceiros) permitem que os usuários detectem e classifiquem objetos, bem como identifiquem mudanças ao longo do tempo. Essas análises geoespaciais extremamente precisas variam desde o uso do solo e a detecção de mudanças até a análise e monitoramento da atividade econômica. Tais recursos podem ser usados posteriormente como base para desenvolver serviços temáticos para alguns setores como defesa, mapeamento, agricultura, silvicultura, petróleo e gás. Eles podem ser totalmente desenvolvidos pela Airbus, como no caso do Starling (desmatamento) e do Ocean Finder (marítimo), ou em parceria com especialistas do setor: Preligens, para monitorar locais de defesa, inspecionando automaticamente centenas de áreas sensíveis em todo o mundo e produzindo relatórios de detecção automática; Orbital Insight for Earth Monitor, para detectar mudanças em infraestrutura e no uso do solo quase em tempo real, bem como identificar e contar carros, caminhões e aeronaves; 4 Earth Intelligence, para analisar a qualidade do ar e mapear habitats terrestres e marinhos; ou Sinergise e Euro Data Cube, para analisar o impacto da Covid-19 na economia e sociedade europeias. Romaric Redon, que lidera o planejamento e a estratégia de

IA da Airbus a nível de grupo, comentou em uma entrevista conosco: "A diversidade do que pode ser feito com as imagens espaciais do OneAtlas vai muito além do que a Airbus poderia fazer sozinha. Portanto, a abordagem envolve construir um ecossistema aberto com os alicerces certos para possibilitar o desenvolvimento de aplicativos adicionais por grandes parceiros."

Outra empresa orientada para a IA que estabeleceu vários ecossistemas — também em parceria com a Palantir, na qual fez um investimento substancial — é a SOMPO Holdings, uma grande companhia de seguros e assistência para idosos sediada no Japão. Ela tem como objetivo estratégico usar dados e IA para promover transformação social em segurança, saúde e bem-estar. Com isso em mente, a SOMPO estabeleceu recentemente não apenas um, mas cinco ecossistemas:

- Mobilidade (o seguro de automóveis tem sido um foco da empresa há muito tempo);
- Cuidados de enfermagem (a SOMPO é a maior proprietária e operadora de casas de repouso no Japão);
- Envelhecimento saudável (uma questão importante, dada a situação demográfica japonesa);
- Resiliência como serviço (para empresas e governo);
- Agricultura (sua subsidiária SOMPO International oferece seguro agrícola e climático).

Koichi Narasaki, o responsável por esses ecossistemas e diretor digital da SOMPO, disse-nos que, em cada uma dessas áreas, a organização espera poder usar as abordagens da Palantir em prol da integração de dados entre as empresas participantes dos ecossistemas, que incluirão tanto concorrentes quanto parceiros. A SOMPO também desenvolverá aplicativos de inteligência artificial para analisar e agregar valor aos dados. Ela vem buscando a IA desde 2015 e já possui diversas aplicações em vigor para mobilidade e cuidados de enfermagem. A empresa também espera obter auxílio dessa ferramenta por meio dos investimentos que fez em startups, como no caso da Abeja, companhia japonesa de aprendizado profundo, e da One Concern, organização norte-americana com uma "plataforma de resiliência" baseada em IA. Além disso, a SOMPO também criou uma nova subsidiária digital — a SOMPO Light Vortex — para vender aplicativos digitais e inteligência artificial para outras empresas.

A Shell também está estabelecendo um novo ecossistema focado na transformação do setor de energia baseada em IA.[10] O chamado Open AI Energy Initiative tem o objetivo de tornar o setor e outras grandes organizações industriais mais eficientes através da inteligência artificial, lidando especialmente com soluções de confiabilidade. Até agora, os parceiros tecnológicos no ecossistema incluem a C3.AI, uma fornecedora de softwares e serviços com foco em aplicações industriais de IA; a Microsoft, que incorporará serviços em nuvem; e a Baker Hughes, uma empresa líder em tecnologia de energia e serviços do campo de petróleo.

Cada um dos parceiros iniciais e membros subsequentes do ecossistema fornecerá aplicativos e recursos de IA para a iniciativa. O acordo funciona como um escambo: as ofertas de inteligência artificial são a chave para a participação, que se dá por meio de uma troca justa. Cada aplicativo aceito pela iniciativa será executado na plataforma C3.AI e se assemelhará, como disse Dan Jeavons, chefe de inovação digital e ciência computacional da Shell, a "uma loja de aplicativos para a indústria de processos". Além disso, Jeavons afirmou que o ecossistema também planeja compartilhar dados: "Os ricos ativos de dados que os operadores construíram ao longo de muitos anos são fundamentais para resolver alguns dos problemas digitais mais complicados". No mais, a iniciativa possui "um modelo de dados padronizado baseado em padrões abertos".[11]

Ainda não está claro quais serão as implicações comerciais do Open AI Energy Initiative para seus membros, e a manutenção dele é um processo de negócios relativamente restrito em comparação com aqueles abordados por alguns dos outros ecossistemas orientados por IA. A colaboração na manutenção provavelmente não suscitaria preocupações antitruste. No entanto, a iniciativa está se expandindo para abranger questões como alternativas para as empresas do setor energético se transformarem em fontes de energia sustentável, otimizarem o desenvolvimento de campos de petróleo e gás e reduzirem vazamentos de oleodutos e poços.

Uma plataforma digital de saúde na Anthem, Inc.

Outra organização impulsionada por IA que abraçou a ideia de um modelo de negócios baseado em plataforma é a Anthem, Inc., uma empresa líder em saúde que se dedica a melhorar a situação das comunidades e atender os mais de 45 milhões de consumidores em sua família de planos de saúde. A Anthem tem trabalhado em uma estratégia digital com inteligência artificial por vários anos e parte de seu objetivo é — em vez de fornecer serviços de saúde por si mesma, como fazem alguns de seus concorrentes — conectar digitalmente seus membros com os profissionais e serviços de saúde de que precisam, os quais são determinados, em parte, pela IA.

Gail Boudreaux, CEO da Anthem, comentou publicamente sobre essa estratégia. Na conferência de investidores da empresa em 2021, ela disse:

> A seguradora tradicional que éramos deu lugar à plataforma de saúde habilitada digitalmente que estamos nos tornando. Essa estratégia de plataforma é baseada em dados e implanta análises preditivas, inteligência artificial, aprendizado de máquina e colaboração em toda a cadeia de valor para produzir soluções proativas e personalizadas para nossos consumidores, prestadores de cuidados, empregadores e comunidades. Ao alavancar esses recursos digitais, iremos desenvolver nossa ampla carteira Anthem de ativos e algoritmos farmacêuticos, comportamentais, clínicos e de cuidados complexos para oferecer soluções integradas de saúde para pessoas como um todo. Não só nossa plataforma digital e nossos ativos diversificados apoiarão e acelerarão o crescimento interno da empresa, como também procurarão cada vez mais atender às crescentes necessidades de nossos clientes e parceiros externos.

A mudança para uma plataforma digital de saúde é uma jornada de longo prazo para a Anthem, mas a empresa já produziu algumas funcionalidades habilitadas por IA. Ela estabeleceu, em parceria com a Blackstone e a K Health, uma empresa chamada Hydrogen Health, a fim de criar um aplicativo de verificação de sintomas para celular que fornece aos membros conhecimentos sobre os diagnósticos e tratamentos de outras pessoas com sintomas semelhantes aos seus. O aplicativo então pode sugerir que os membros devem consultar um médico. Se assim quiserem, ele oferece acesso de baixo custo a uma consulta de telemedicina; se não, ele lhes apresenta opções de autotratamento ou alternativas para obterem mais informações. Até 2021, já havia mais de 52 mil interações com o verificador de sintomas.

A Anthem também está buscando um arquétipo estratégico adicional — o de influenciar o comportamento de seus clientes ou membros para ajudá-los a levar vidas mais saudáveis. Uma maneira de fazer isso é por meio de uma parceria com a Lark, uma startup que oferece aconselhamento de saúde integrado ao aplicativo de smartphone da Anthem com base em recomendações personalizadas e IA conversacional. O programa envia mensagens de texto com ações recomendadas para diabetes, doenças cardiovasculares, pré-diabetes, tabagismo, estresse, ansiedade e controle de peso. Ele usa dados com segurança a partir de pedidos dos membros da Anthem, bem como de dispositivos médicos conectados, tais como medidores de pressão arterial, balanças e medidores de glicose para monitoramento remoto. Caso necessário, a Lark providencia uma conversa telefônica ao vivo com um coach de saúde humano. Mais de dois milhões de pacientes recebem recomendações da Lark, e pesquisas têm demonstrado que intervenções no estilo de vida podem gerar resultados impressionantes em diversos domínios clínicos, como redução da glicose e prevenção de diabetes.[12]

Negociações versus desenvolvimento em uma IA baseada em ecossistema

Para a maioria desses ecossistemas (a Ping An é uma exceção), houve mais negociações do que desenvolvimento real de aplicativos de IA, e o foco inicial tem sido a integração de dados entre fronteiras organizacionais. Para fazer com que esses ecossistemas e modelos de negócios associados sejam bem-sucedidos, as empresas precisarão:

- Construir recursos internos substanciais para desenvolver aplicativos de inteligência artificial;

- Fazer parcerias com fornecedores externos de recursos de IA que possam ser aplicados aos seus problemas específicos;
- Resolver o embate entre as questões de colaboração e competição que surgirem entre concorrentes membros do ecossistema;
- Determinar como alocar os benefícios financeiros dos novos modelos de negócios.

Resumindo, há tanto mais negociações como mais desenvolvimentos a serem feitos. Dadas as incertezas dessas atividades, bem como aquelas dos possíveis fatores externos — por exemplo, possíveis intervenções e limitações regulatórias —, é difícil prever como esses ecossistemas se comportarão ao longo do tempo. Por outro lado, dado o sucesso do modelo de negócios da Ping An, certamente é possível que os ecossistemas impulsionados por IA desempenhem um papel importante na economia global em um futuro próximo.

Arquétipo Estratégico 2: Transformar Operações

Além de facilitar novas estratégias, mercados e modelos de negócios, a IA pode simplesmente ser usada para transformar as operações — ou ainda, tornar as estratégias existentes e bem definidas muito mais bem-sucedidas. Se uma empresa deseja que seus gerentes de cadeia de suprimentos entreguem os produtos no prazo, que seus profissionais de marketing induzam os clientes a comprar, que seus vendedores travem contato com consumidores interessados e que seus gerentes de RH contratem os tipos certos de pessoas — todos esses objetivos podem ser alcançados com a ajuda da inteligência artificial.

Tornando a Kroger Co. mais eficiente e eficaz

A Kroger Co. e sua subsidiária para ciência de dados, insights e mídia 84.51° constituem um bom exemplo dessa execução estratégica. Em 2017, a grande cadeia de supermercados anunciou sua estratégia de "Reabastecer a Kroger", que preparou melhor a empresa para competir de forma eficaz em um ambiente de negócios em plena evolução. Dois dos quatro principais componentes da estratégia dependiam fortemente de analytics e IA. Em um artigo descrevendo essa estratégia, os dados, as análises, a personalização por inteligência artificial e a própria organização 84.51º foram apresentados amplamente, em particular no primeiro objetivo:

Redefinir a Experiência do Cliente de Alimentos e Supermercados: a Kroger irá "acelerar" suas atividades digitais e de comércio eletrônico, "aplicando seus dados de clientes e sua expertise em personalização a mais aspectos do negócio por meio da (agência interna) 84.51º com base no crescimento excepcional do portfólio de marcas próprias".

- *Dados e Personalização:* usar os dados do comprador para "criar diferentes experiências para os clientes". A Kroger já oferece anualmente mais de 3 bilhões de recomendações personalizadas.
- *Digital:* as metas de conteúdo incluem fornecer não apenas informações funcionais, mas também "inspirações e descobertas personalizadas" por meio de receitas e conteúdos relacionados a produtos.
- *Otimização de Espaço:* a Kroger irá "alavancar em seus clientes a ciência para tomar decisões de planejamento de espaço que visam mudar as prateleiras, otimizar o sortimento e melhorar os estoques".
- *Private Label:* a empresa "continuará investindo para expandir suas marcas mais populares". As vendas de produtos private label aumentaram em 37% para US$20,5 bilhões entre 2011 e 2017.
- *Preços Inteligentes:* a Kroger dará continuidade a um investimento ao qual destinou mais de US$4 bilhões desde 2001 "para evitar a perda de clientes devido ao preço".[13]

Exceto pelo foco em private label, todas as iniciativas mencionadas são intensivas em dados, analytics e uso de IA. Na segunda plataforma estratégica da Kroger, "Expandir Parcerias para Agregar Valor ao Cliente", também foi mencionada a expansão de sensores IoT, bem como de análises de vídeo e redes de aprendizado de máquina da empresa, além da inovação complementar por meio de robótica e inteligência artificial, visando transformar a experiência do cliente.

Devemos observar, dada a nossa discussão anterior sobre ecossistemas, que a Kroger Co. usa esse termo para descrever as relações baseadas em dados que ela mantém com seus fornecedores de bens de consumo. E, novamente, todas ou quase todas as iniciativas estratégicas da empresa dependem de dados, analytics e recursos de IA da 84.51°. O mesmo artigo que anunciou a nova estratégia dá destaque a esse grupo, inclusive citando seu então líder Stuart Aitken (atual diretor comercial e de marketing):

> Enquanto isso, a empresa de analytics e marketing interna da Kroger, 84.51°, lançou a Kroger Precision Marketing, uma "solução de mídia multicanal" que buscará ampliar os programas de comunicação personalizados da varejista.
>
> A solução usará dados de compra dos 60 milhões de consumidores domésticos da Kroger (em 2.800 lojas e 35 estados) para criar e executar "campanhas holísticas em um ecossistema digital expandido", disse a empresa em um comunicado. "Essa plataforma fomenta duas partes do Plano de Reabastecimento da Kroger: Redefinir a Experiência do Cliente de Alimentos e Supermercados e Expandir Parcerias para Agregar Valor ao Cliente", afirmou o CEO da 84.51°, Stuart Aitken. "Aprimorar a personalização e criar fluxos de receita alternativos, como iremos fazer por meio dessa plataforma, são nossas áreas de foco."

Certamente, quando a unidade que fornece tais recursos — e várias de suas iniciativas — é mencionada com destaque no artigo que descreve essa estratégia, isso indica que dados e IA são essenciais para os planos da empresa. Na apresentação para a conferência de investidores descrita no artigo, "dados e ciência impulsionam o modelo" talvez seja o tema de maior destaque, ao lado da elaboração "ver os clientes através dos dados".[14]

Em 2021, a Kroger Co. anunciou sua nova estratégia de "Liderar com Frescor e Acelerar com Digital".[15] Mais uma vez, ela mencionou a personalização de ofertas aos clientes como um "fosso competitivo" em sua apresentação para investidores e afirmou ter entregado semanalmente 11 bilhões de recomendações personalizadas ao longo do ano de 2020 — tarefa impossível sem o uso de IA. No atendimento digital, a empresa também anunciou a inauguração de seu primeiro centro de atendimento (de vinte) ao cliente baseado em robótica em parceria com a fornecedora britânica Ocado. Essa trabalha com diversos varejistas ao redor do mundo, mas tem uma parceria exclusiva com a Kroger Co. nos Estados Unidos, a qual fez um investimento minoritário na Ocado. A empresa britânica afirma utilizar uma variedade de programas de IA, incluindo:

- Vinte milhões de previsões de demanda por dia para reduzir itens fora de estoque e desperdício de alimentos;
- Previsão de quando os alimentos devem chegar ao centro de distribuição para que estejam no frescor ideal;
- Identificação de alimentos perto da data de validade para descontos ou doações;
- Uma experiência de pedidos digitais hiperpersonalizada;
- Um "sistema de controle de tráfego aéreo" baseado em IA para robôs nos depósitos;
- Visão computacional e sistema de planejamento para robôs empacotadores;
- Otimização de cargas e horários dos veículos de entrega.[16]

A Kroger Co. claramente depende da IA para a execução de suas estratégias de negócios. Algumas dessas estratégias são impossíveis sem essa ferramenta; outras são aprimoradas, barateadas ou agilizadas com seu uso. Embora o foco da varejista seja melhorar seus negócios existentes com a inteligência artificial, a empresa também está usando a tecnologia e seus dados para acessar novos negócios (como o Kroger Precision Marketing) e impulsionar novos ecossistemas.

Arquétipo Estratégico 3:
Influenciar o Comportamento do Cliente

Um dos objetivos estratégicos mais recentes com IA é influenciar o comportamento do cliente. Esse arquétipo pode ter ganhado destaque com o impressionante impacto comercial e comportamental da inteligência artificial em empresas como Google, Facebook, TikTok e outros provedores de redes sociais. Elas têm sido extremamente bem-sucedidas em mudar, entre outros, os comportamentos de compra, socialização, consumo e compartilhamento de informações de seus clientes — alguns intencionalmente, outros, não. Os comportamentos que essas organizações modificaram de propósito as tornaram extremamente bem-sucedidas e lhes trouxeram um rápido crescimento do ponto de vista financeiro. Por outro lado, aqueles que elas modificaram desintencionalmente, incluindo polarização política e social, compartilhamento de desinformações, distração, cyberbullying, insegurança, depressão e assim por diante, receberam atenção de muitos observadores, incluindo legisladores. Os algoritmos de IA usados por essas empresas estão intimamente envolvidos tanto nos comportamentos positivos quanto nos negativos de seus clientes, tal como já foi descrito por inúmeros pesquisadores.[17]

Nosso foco, todavia, não está nessas organizações nativas digitais, nem nos comportamentos positivos ou negativos que elas induzem em seus clientes. Outros tipos de empresas perceberam que plataformas digitais, dados detalhados e algoritmos de IA podem alterar outros tipos de comportamento. Na maioria das vezes ainda é cedo para essa abordagem, mas tanto empresas estabelecidas quanto startups estão tentando influenciar comportamentos por meio da inteligência artificial.

Sendo sinceros, essa abordagem não é recente. Ela foi iniciada pela Fair, Isaac & Co. (atual FICO), que criou a primeira pontuação de crédito em 1958. Sua aceitação foi lenta, e o primeiro sistema de pontuação de comportamento para um provedor de crédito só foi desenvolvido para a Wells Fargo em 1975. Essa foi uma das primeiras aplicações comerciais de aprendizado de máquina. A pontuação de crédito utilizava a análise estatística de dados de empréstimos e pagamentos para determinar quais fatores estavam correlacionados com o pagamento dos empréstimos e, em seguida, usava o modelo resultante para atribuir uma pontuação a cada consumidor com um histórico de crédito.

O parâmetro que a FICO estava tentando monitorar e melhorar nos clientes era a responsabilidade financeira — uma compilação de comportamentos que inclui estar com as contas em dia, não acumular muitos cartões de crédito, não manter balanços de pagamento altos e assim por diante. A empresa fez um excelente trabalho não apenas ao computar pontuações de crédito para centenas de milhões de pessoas, mas também ao persuadir organizações de serviços financeiros a adotar esses dados em suas decisões de empréstimo, além de comunicar aos titulares como esses eram calculados e como eles poderiam melhorá-los.

As pontuações de crédito criadas por aprendizado de máquina foram acompanhadas de vários outros tipos de aplicações. A Progressive Insurance, cujas atividades de IA descreveremos no capítulo 6, calcula uma pontuação de direção com base em dados telemáticos provenientes de seu programa Snapshot (embora a converta em notas para os consumidores).[18] Atualmente, a FICO também avalia com pontos a segurança da direção de um motorista. Já discutimos a parceria da Lark com a Anthem neste capítulo, e essa empresa calcula uma variedade de pontuações para condições de saúde. Descreveremos, no capítulo 7, outro exemplo de uma startup chamada Well envolvendo a criação de vários escores baseados nas condições de saúde, bem como uma pontuação que sintetiza a adesão às intervenções médicas prescritas. A Manulife e sua subsidiária John Hancock, além de várias outras seguradoras de vida ao redor do mundo, usam aprendizado de máquina para monitorar e tentar mudar comportamentos relacionados à saúde a fim de ajudar os clientes a levar vidas mais saudáveis. Todos esses tipos de pontuações (exceto aquelas de crédito) se encontram em estágios relativamente iniciais, mas mostram um potencial para melhorar os comportamentos considerados relevantes. E por dependerem tanto de dados volumosos quanto de um processo de pontuação para cada cliente, eles não seriam possíveis sem o aprendizado de máquina.

O Processo para uma IA Estratégica

Se a inteligência artificial vai possibilitar novas estratégias, modelos de negócios e comportamentos do cliente, não faz sentido gerenciar a tecnologia de baixo para cima. Recursos transformadores e extremamente importantes como a IA são, por definição, estratégicos para essas organizações, e tanto os executivos seniores quanto os grupos de estratégia devem focar como isso será utilizado nos negócios. Os estrategistas devem auxiliar nas decisões de prioridades para casos de uso de IA e implicações em relação aos produtos, processos e relacionamentos dentro da empresa.

A inteligência artificial e a estratégia devem estar conectadas de duas maneiras principais. A primeira, como discutimos neste capítulo, é reconhecer o impacto positivo ou negativo da IA na estratégia de empreendimento. Se ela pode melhorar produtos e serviços, complementar modelos de negócios, transformar canais para clientes, otimizar cadeias de suprimentos e assim por diante, então deve fazer parte das deliberações estratégicas de uma empresa.

O segundo foco estratégico é desenvolver uma estratégia para a própria inteligência artificial. Muitas decisões importantes devem ser tomadas referentes ao uso e gerenciamento dessa tecnologia pelas empresas, incluindo como elas constroem ou adquirem seus recursos de IA, onde obtêm seus principais talentos, quais projetos assumem e como as iniciativas de IA se relacionam com suas plataformas e processos digitais. Todas essas decisões moldam a estratégia, bem como são moldadas por ela, e portanto devem ser discutidas a nível estratégico.

A pesquisa da Deloitte intitulada "Estado da IA nas Empresas", de 2021, sugere que certos aspectos da estratégia são típicos dos líderes de inteligência artificial. Os entrevistados que estavam mais adiantados nessa ferramenta eram mais propensos a concordar que possuíam uma estratégia de IA, que seu uso da tecnologia os diferenciava de seus concorrentes, que seus líderes seniores articularam uma visão de como a inteligência artificial mudaria as operações e que suas iniciativas nesse sentido eram importantes para permanecerem competitivos nos próximos cinco anos (Figura 3-1).

FIGURA 3-1

Principais práticas de estratégia de IA

Porcentagem de entrevistados que selecionaram "concordo completamente" ou "muito importante" nas seguintes afirmações sobre estratégia:

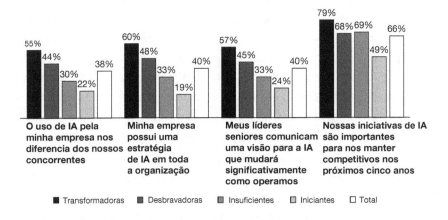

Fonte: Deloitte Insights, "2021 State of AI in the Enterprise", Relatório de pesquisa, 4ª edição, https://www2.deloitte.com/content/dam/insights/articles/US144384_CIR-State-of-AI-4th-edition/DI_CIR-State-of-AI-4th-edition.pdf.

Para que as decisões estratégicas sejam influenciadas pela IA de uma maneira apropriada, alguns pré-requisitos se aplicam:

- Educar os gerentes seniores sobre a inteligência artificial é fundamental. Para que um processo estratégico incorpore a IA, aqueles gestores seniores que participam do planejamento estratégico precisam de alguma familiaridade com as diferentes tecnologias de inteligência artificial e os casos de uso para os quais elas são apropriadas. A estratégia de foco em IA é um processo de "combinação" das iniciativas empresariais e dos recursos dessa ferramenta, e os participantes precisam estar cientes de ambos. Sugerimos que o funcionamento estratégico ou um centro de excelência em inteligência artificial promovam iniciativas de educação formal ou

- informal para garantir um amplo envolvimento e participação nos aspectos da estratégia empresarial relacionados à IA.
- Dentro do processo estratégico, o efeito capacitador da IA e de outras tecnologias precisa ser incorporado à análise de alternativas estratégicas, e isso pode exigir mudanças na metodologia para o planejamento estratégico. Por exemplo, uma empresa pode perguntar: "O que poderíamos realizar em nossos programas de marketing se conseguíssemos melhores previsões de comportamento do consumidor por meio do aprendizado de máquina? Como poderíamos transformar o atendimento ao cliente com um agente conversacional?" Não pode haver iniciativas estratégicas avançadas em inteligência artificial sem um processo de concepção que inclua seus recursos.
- Além da concepção, a IA só será incorporada aos produtos e processos de uma empresa se essa realmente implantar os sistemas que executam as tarefas de inteligência artificial necessárias. A criação de conexões entre uma estratégia e o ciclo de desenvolvimento/implantação dessa ferramenta é fundamental para a implantação de sistemas de IA estratégicos. Os estrategistas precisarão atuar na priorização de projetos dessa tecnologia e deverão ter a capacidade de monitorar o seu progresso.

Neste capítulo, consideramos cinco ligações diferentes entre inteligência artificial e estratégia — com novos planejamentos e mercados, novos produtos e serviços, novos modelos de negócios e ecossistemas, novos comportamentos de clientes e execução de estratégias operacionais. Algumas grandes organizações, como a Ping An, a Kroger Co. e a Anthem, Inc., podem adotar três ou quatro arquétipos diferentes. Mas, nas empresas movidas a IA, o importante é que essa ferramenta contribua de alguma forma substancial para o desempenho ou o crescimento da organização. Caso contrário, seria difícil afirmar que ela está realmente fazendo alguma diferença. E embora a IA e suas tecnologias relacionadas possam ajudar nessa melhoria, elas também podem ser um obstáculo. Esse é o tema do capítulo 4.

CAPÍTULO 4

Tecnologia e Dados

Observe que nós descrevemos os aspectos organizacionais e de liderança das organizações focadas em IA antes de qualquer menção significativa à tecnologia. As questões humanas da inteligência artificial são as mais diferenciadoras, críticas e, muitas vezes, as mais desafiadoras. No entanto, uma empresa não alcança grandes conquistas nessa ferramenta sem o uso extensivo de suas tecnologias, e praticamente nada pode ser feito sem quantidades substanciais de dados. Isso vale para todas as organizações impulsionadas por IA que conseguimos identificar, e iremos descrever seus ambientes tecnológicos neste capítulo.

Nunca é uma boa ideia adotar a tecnologia como um fim em si mesma, mas as organizações impulsionadas por IA que descreveremos têm objetivos de negócios bem definidos para suas iniciativas tecnológicas de inteligência artificial. Esses incluem:

- Apoiar uma ampla gama de casos de uso de IA, criando um conjunto abrangente de ferramentas dessa tecnologia;
- Desenvolver aplicativos de maneira mais rápida e eficiente, usando ferramentas como o aprendizado de máquina automatizado;
- Alcançar uma ampla escala de implantação de IA;

- Gerenciar e aprimorar dados para o treinamento de modelos e outras finalidades;
- Lidar com aplicativos legados e arquiteturas de tecnologia complexas;
- Construir ou adquirir uma infraestrutura de computação de alto desempenho para a inteligência artificial;
- Melhorar as operações de TI através da IA.

Ilustraremos todos esses objetivos, citando um exemplo específico de uma empresa focada em IA que perseguiu cada um deles, e descreveremos as tecnologias adotadas para tal.

Usando Todas as Ferramentas Disponíveis

As empresas que competem em IA reconhecem a existência de muitas tecnologias diferentes nessa área e geralmente estão dispostas a utilizar todas elas. Diferentes recursos são úteis para diferentes casos de uso, e as organizações que adotam a IA de forma ampla e profunda têm amplitude nas aplicações e nas tecnologias utilizadas. O DBS Bank, por exemplo, faz uso de uma vasta gama de técnicas em seus cerca de 150 projetos diferentes de inteligência artificial.

A prevenção de crimes financeiros é importante para qualquer banco, e o DBS investiu em análises avançadas e aprendizado de máquina para aprimorá-la. Os sistemas baseados em regras geralmente são considerados obsoletos, mas são comuns no combate à fraude e à lavagem de dinheiro, sendo empregados pelo DBS para esse fim. Uma das principais deficiências deles, no entanto, é que geram muitos falsos positivos — até 98%, no caso do banco em questão. Por isso, o seu grupo de Monitoramento de Transações criou um modelo de aprendizado de máquina que utiliza mais dados da instituição e prioriza a lista de casos suspeitos. Cada caso recebe uma pontuação de risco, e aqueles de menor ameaça são colocados em hibernação e monitorados quanto a mudanças nos padrões de risco. O grupo de Monitoramento de Transações também desenvolveu um recurso de análise de links de rede a partir de um banco de dados gráfico a fim de analisar as relações entre possíveis fraudadores e aprendizado de máquina para detectar redes suspeitas, bem como criou uma nova plataforma de fluxo de dados para a organização, usando tecnologias de código aberto.

O DBS utiliza vários tipos de aprendizado de máquina — redes neurais para a tomada de decisões de crédito, modelos de aprendizado profundo em prol do reconhecimento de imagem e fala, além de modelos tradicionais de aprendizado de máquina para a antecipação de atrasos e de falta de cédulas em caixas eletrônicos automáticos. Os algoritmos de aprendizado profundo não são amplamente aceitos pelos reguladores bancários em modelos de crédito, mas o DBS está trabalhando com entidades reguladoras para tentar aplicar sua precisão às decisões do banco.

Todas essas tecnologias de IA da instituição requerem infraestruturas de suporte, e o banco investiu em muitas delas. Além de transformar sua arquitetura de dados, ele criou uma nova plataforma chamada ADA — Advancing DBS with AI —, que inclui uma variedade de recursos para ingestão de dados, segurança, armazenamento, governança, visualização e gerenciamento de modelos de inteligência artificial/analytics. O objetivo era viabilizar o máximo de autoatendimento possível na criação de novos modelos de IA, bem como a sua manutenção ao longo do tempo. O DBS também migrou muitos de seus sistemas de inteligência artificial e analytics para nuvens híbridas a fim de possibilitar um processamento mais rápido.

Obviamente, diferentes organizações focadas em IA precisarão de diferentes tecnologias para construir seus casos de uso e atingir seus objetivos comerciais. No entanto, é improvável que uma grande empresa consiga se sustentar com um único método ou tecnologia de inteligência artificial.

Criando Aplicativos de IA Melhor e Mais Rapidamente

Se a sua organização adotou a inteligência artificial como algo essencial para o futuro, você provavelmente gostaria que as coisas avançassem um pouco mais rapidamente. Ou, mais especificamente, gostaria que novos algoritmos de IA fossem desenvolvidos de forma mais rápida por mais especialistas. E você está com sorte, porque a tecnologia tem possibilitado cada vez mais que os cientistas de dados — profissionais e amadores

— construam novos modelos que fazem um excelente trabalho de aprendizado de máquina ou previsão do futuro com base em dados passados.

O aprendizado de máquina, caso você não esteja familiarizado com sua abordagem subjacente, faz exatamente isso. O aprendizado supervisionado, que é, como observamos, o tipo mais comum no mundo dos negócios, treina um modelo usando a maior parte dos dados de um conjunto de dados de treinamento, testa o protótipo com o restante do conjunto e, em seguida, usa o resultante para fazer previsões ou classificações em dados adicionais externos cujo resultado não é conhecido. Modelos bem desenvolvidos geralmente têm um ótimo desempenho em previsões, mas podem exigir um trabalho intensivo para serem devidamente elaborados e implantados. A melhor maneira de fazer isso normalmente envolve engenharia de recursos, ou seja, testar uma ampla variedade de versões diferentes de recursos ou variáveis. Também requer tempo para interpretar modelos diversos e escrever códigos ou APIs (interfaces de programação de aplicações) para implantar e integrar o modelo a outros sistemas. O aprendizado não supervisionado, que normalmente é usado a fim de agrupar casos semelhantes sem variáveis de resultado, é menos comum no mundo dos negócios, mas está começando a ganhar popularidade.

Não obstante, todas essas etapas agora podem ser executadas com aprendizado de máquina automatizado ou AutoML (até mesmo o não supervisionado tem versões dessa ferramenta). Com ela, a subsidiária da Kroger Co., 84.51°, está desenvolvendo uma "máquina de aprendizado de máquina" que pode construir e implantar muitos modelos com relativamente pouca intervenção humana. Seu site fornece alguns dados numéricos reveladores que mostram o enorme tamanho e escopo dos esforços de ciência de dados feitos pela 84.51° em nome da sua empresa-mãe varejista e dos seus parceiros de ecossistema:

- Mais de 1.500 empresas de bens de consumo embalados, agências, editoras e parceiros comerciais afiliados;
- Presença em quase 1 a cada 2 domicílios nos Estados Unidos;
- 1,9 bilhão de ofertas personalizadas entregues em 2021;

- Alavancamento de mais de 35 petabytes de dados de compradores primários e mais de 2 bilhões de transações anuais;
- 2 bilhões de cestas de compras de clientes analisadas.

No capítulo 3, descrevemos como a Kroger Co. depende desses esforços para impulsionar suas iniciativas estratégicas. A amplitude e a profundidade da ciência de dados na 84.51° também revelam a importância de a empresa empregar as melhores tecnologias, ferramentas e métodos de IA possíveis.

A abordagem atual de aprendizado de máquina na 84.51° surgiu de uma iniciativa chamada *embedded machine learning* (EML — Aprendizado de Máquina Incorporado). Scott Crawford, um gerente de ciência de dados, liderou a iniciativa a partir de 2015. Vale observar que Milen Mahadevan, atual presidente do grupo, é um defensor da automação de processos e produtos dentro da organização. Incorporar o aprendizado de máquina e fazer uso extensivo do AutoML é a progressão lógica da modelagem e segmentação ad hoc para processos automatizados que geram valor por meio de eficiência e precisão aprimoradas. A 84.51° adotou ferramentas e processos do AutoML mas o fez dentro do contexto mais amplo de um processo e uma cultura de aprendizado de máquina redesenhados.

O AutoML trouxe uma variedade de benefícios potenciais para os recursos de aprendizado de máquina da empresa. Na 84.51°, ao contrário do que acontece em muitas organizações, esse não é um processo estático baseado em um único conjunto de dados de treinamento e em um modelo criado a partir dele. Em vez disso, os protótipos são retreinados frequentemente com base em novos dados. Por exemplo, a previsão de vendas, que orienta o processo de pedido de mercadorias e gerenciamento de estoque, aprimora seu modelo regularmente com base nos dados mais recentes. Paul Helman, então diretor científico da 84.51°, e sua equipe desenvolveram essa abordagem envolvendo estimadores adaptativos porque perceberam que isso era importante para modelar de maneira eficiente comportamentos humanos complexos e em constante mudança — como preferências de compra.

A EML acabou se tornando uma missão formal não apenas para adotar o AutoML, mas também no sentido de habilitar, capacitar e engajar a organização a usar e incorporar melhor o aprendizado de máquina. "Habilitar" significava fornecer a infraestrutura — como servidores, software e conectividade de dados — para a empresa usar e incorporar o aprendizado de máquina com eficiência. "Capacitar" envolvia a identificação do melhor conjunto de ferramentas de aprendizado de máquina e o treinamento de analistas e cientistas de dados para utilizá-las. Depois de avaliar mais de cinquenta ferramentas, a 84.51º selecionou R, Python e Julia como suas linguagens de aprendizado de máquina preferidas, e a DataRobot (empresa colaboradora da Deloitte e que Tom aconselha) como sua principal provedora de softwares AutoML. Por fim, "engajar" significava motivar os clientes internos a usar as ferramentas, demonstrando e socializando seus benefícios por meio de várias provas de conceito, avançando o compartilhamento de códigos/exemplos (via GitHub, um repositório de códigos para facilitar o processo) e realizando consultoria.

Outra parte da iniciativa EML foi desenvolver uma metodologia padrão para o uso de aprendizado de máquina. Essa, chamada "8PML" (ou "Processo de Aprendizado de Máquina da 84.51º") e desenvolvida internamente, é um tanto incomum em organizações não fornecedoras. Scott Crawford diz que a metodologia se baseia em vários processos de mineração de dados disponíveis ao público, mas foi personalizada para se adequar melhor aos casos de uso e aos ambientes específicos da 84.51º. Ela possui três componentes principais: engenharia de soluções, desenvolvimento de modelos e implantação de modelos.

Engenharia de soluções

Após a coleta dos dados de treinamento necessários, a maioria dos esforços de aprendizado de máquina nas empresas se concentra no desenvolvimento de modelos; a 84.51º, no entanto, estava focando algo mais amplo. Seus líderes perceberam que os modelos que não são implantados não ofereciam valor econômico, e que problemas analíticos mal formulados podiam prejudicar mais do que ajudar. O 8PML começa com a etapa da engenharia de soluções, na qual a análise é estruturada, e os objetivos comerciais do projeto são esclarecidos e comparados aos recursos disponíveis. Por exemplo, esses objetivos podem exigir que um número muito grande de modelos seja atualizado rotineiramente e implantado rapidamente, mas sem que a empresa possua o orçamento e a equipe necessários. No passado, a engenharia de soluções exigiria repensar o problema para adequar a solução às restrições de recursos. Mas a tecnologia de aprendizado de máquina automatizado pode reduzir significativamente essas restrições. A engenharia de soluções ainda é necessária, mas o horizonte de soluções se ampliou.

Desenvolvimento de modelos

Na etapa de desenvolvimento de modelos da metodologia, os dados são analisados; as variáveis ou recursos, projetados, e o modelo que melhor se ajusta aos dados de treinamento, identificado. O uso do AutoML com a DataRobot agiliza consideravelmente essa fase do processo, aumentando a produtividade dos cientistas de dados. Isso os libera para ajustar mais modelos e/ou dedicar mais esforços a outros aspectos de alto valor do processo (por exemplo, à engenharia de soluções, engenharia de recursos e assim por diante). A tecnologia também possibilita que profissionais menos qualificados em ciência de dados gerem modelos de alta qualidade. O conhecimento detalhado de quais algoritmos são adequados para determinadas análises não é mais essencial; o aprendizado de máquina automatizado assume essa função.

Como anteriormente a tarefa de combinar algoritmos aos problemas era realizada por cientistas de dados profissionais, não é incomum que esses desconfiem do AutoML ou acreditem que ele não possa criar modelos eficazes. Inicialmente, alguns especialistas experientes da 84.51° ficaram preocupados com a possibilidade de adentrar um mundo no qual seu conhecimento profundo sobre algoritmos e métodos, conquistado a duras penas, não teria mais valor. Os líderes da empresa, então, enfatizaram que as novas ferramentas simplesmente capacitariam as pessoas a realizar seu trabalho com mais eficiência. Com o tempo, isso se provou verdadeiro, e atualmente há pouca ou nenhuma resistência por parte dos cientistas de dados experientes em relação ao uso da ferramenta DataRobot.

O foco inicial do AutoML na 84.51° era melhorar a produtividade dos cientistas de dados profissionais. No entanto, a unidade também usou as ferramentas automatizadas para expandir o número de pessoas que podem usar e aplicar o aprendizado de máquina. A empresa tem aumentado sua função de ciência de dados a fim de atender à crescente demanda por modelagem e analytics para solucionar problemas comerciais complexos. É um desafio para qualquer empresa encontrar cientistas de dados bem treinados, então a 84.51° emprega o AutoML para possibilitar que aqueles sem treinamento tradicional em ciência de dados criem modelos de aprendizado de máquina. Ela atualmente tem contratado "especialistas em insights" — pessoas que, apesar de não serem tão experientes em aprendizado de máquina, são hábeis em comunicar e apresentar resultados, bem como têm grande perspicácia para os negócios — com regularidade. Com o auxílio do AutoML, um número substancial de atividades dentro do desenvolvimento de modelos tradicional, como a identificação dos casos de uso e as análises exploratórias, agora também pode ser realizado por esses especialistas em insights. Os cientistas de dados com mais experiência em estatística e aprendizado de máquina podem, então, concentrar seu tempo nos aspectos da área que exigem sua expertise, além de se dedicar mais ao treinamento e à consultoria daqueles com menos experiência.

Implantação de modelos

O terceiro e último componente da abordagem da 84.51° para aprendizado de máquina é a implantação dos modelos, na qual o protótipo escolhido é implementado nos sistemas e processos de produção. Essa etapa do processo é fundamental dada a escala dos aplicativos de aprendizado de máquina na Kroger Co. — o programa de previsão de vendas, por exemplo, gera previsões para cada item em cada uma das mais de 2.500 lojas da empresa para cada um dos 14 dias subsequentes. E, como Scott Crawford aponta, as questões relacionadas à implantação (ou "producionalização", como ele mesmo se refere ao processo) são frequentemente subestimadas:

> Antes de a minha função atual facilitar o uso do aprendizado de máquina na 84.51°, minhas experiências de trabalho in-

cluíam a construção e implantação de modelos em uma das maiores seguradoras do país e em um dos maiores bancos do mundo. Algo comum a todas elas é que a produção costuma ser a fase mais desafiadora nos projetos de aprendizado de máquina. A exigência de uma implantação de produção geralmente restringe severamente as soluções viáveis. Por exemplo, a produção pode exigir que o código seja entregue em uma linguagem específica (por exemplo, C++, SQL ou Java) e/ou atenda a limites de latência rígidos.

As ferramentas automatizadas de aprendizado de máquina podem ajudar no processo de implantação, gerando códigos ou APIs que incorporam o modelo. A 84.51°, por exemplo, geralmente faz uso da capacidade do DataRobot de gerar código Java para pré-processar dados e avaliar modelos.

Muitas empresas hoje estão experimentando com AutoML e ferramentas relacionadas, mas a 84.51° e a Kroger Co. levaram essa abordagem de IA ao próximo nível. A iniciativa EML, a padronização de uma ferramenta automatizada de aprendizado de máquina e a metodologia de três estágios desenvolvida ajudaram a criar uma máquina de aprendizado de máquina. Essas estruturam, desenvolvem e implantam os modelos da mesma maneira que uma organização de manufatura bem gerida cria seus produtos físicos. Provavelmente veremos muitos exemplos dessa abordagem fabril para o aprendizado de máquina no futuro, mas é algo que a 84.51° já está colocando em prática hoje.

Alcançando Escala

Um dos principais desafios para muitas organizações com IA é alcançar uma escala suficiente para fazer a diferença em suas operações e desempenho. A tecnologia pode ajudá-las a atingir essa meta, embora, como acontece com os outros objetivos de inteligência artificial que descrevemos, a solução definitiva seja combinar a tecnologia com outras mudanças, como novos processos e grupos de pessoas recém-envolvidos.

Nossa pesquisa de 2021 abordou esse problema das operações de IA em escala. As organizações de alto desempenho nessa ferramenta, rotuladas como transformadoras e desbravadoras, eram (normalmente cerca de 25%) mais propensas do que os 2 grupos de baixo desempenho (iniciantes e insuficientes) a concordar que tinham adotado várias práticas operacionais de inteligência artificial diferentes que facilitaram a escalabilidade e a gestão contínua da ferramenta. Isso inclui um processo ou ciclo de vida documentado para modelos de IA; o uso de operações de aprendizado de máquina (ou MLOps) para gerenciar modelos em produção e garantir uma eficácia permanente; novas estruturas de equipe e fluxos de trabalho para gerenciar a tecnologia, além de novos cargos (incluindo gerentes de produto, engenheiros de dados e engenheiros de aprendizado de máquina) para maximizar os avanços da IA (figura 4-1).

FIGURA 4-1

Práticas líderes em operações de IA

Porcentagem de entrevistados que selecionaram "concordo completamente" nas seguintes afirmações sobre operações:

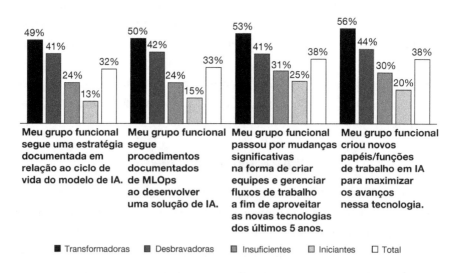

Fonte: Deloitte Insights, "2021 State of AI in the Enterprise", Relatório de pesquisa, 4ª edição, https://www2 .deloitte.com/content/dam/insights/articles/US144384_CIR-State-of-AI-4th-edition/DI_CIR-State-of-AI -4th-edition.pdf.

A Shell é um bom exemplo da necessidade da escala em IA e da capacidade de alcançá-la rapidamente. A empresa está perseguindo diferentes objetivos de negócios com a inteligência artificial: melhorar sua compreensão da subsuperfície de forma mais rápida; maximizar a recuperação de campos novos e já existentes; tornar suas operações de ativos mais eficazes e eficientes em termos energéticos e oferecer soluções de baixo carbono aos clientes — a exemplo de otimizar o carregamento de veículos elétricos e integrar energia renovável aos sistemas elétricos.

O processo de manutenção, em particular, requer uma escala significativa para ter impacto, uma vez que a Shell possui centenas de milhares de equipamentos que requerem manutenção em todas as suas instalações. Dan Jeavons, responsável pela inovação digital e ciência computacional da empresa, teve que empregar várias tecnologias e abordagens para alcançar escala nesse domínio. Uma delas envolve usar a manutenção preditiva — uma técnica para prever quando o desempenho do equipamento diminuirá ou quando deixará de funcionar, em vez de fazer a manutenção em intervalos padronizados ou esperar que ele de fato quebre. Os executivos da Shell estão convencidos de que essa abordagem pode tornar os equipamentos mais confiáveis, e a manutenção, mais eficiente, além de ajudar a aumentar a segurança do processo.

Jeavons percebeu que as necessidades de IA para modelos de manutenção preditiva — que geralmente empregam aprendizado de máquina supervisionado em cada componente que requer monitoramento — eram grandes demais para qualquer grupo centralizado de cientistas de dados poder enfrentar. Assim, a Shell decidiu recrutar e treinar os engenheiros que já trabalhavam com a planta e os equipamentos em técnicas de inteligência artificial a fim de que pudessem desenvolver, interpretar e manter modelos de manutenção preditiva ao longo do tempo de forma autônoma.

Mais de 5 mil pessoas (partindo de um núcleo interno de 30 participantes em 2013) fazem parte da comunidade externa de IA na Shell atualmente, com mais a caminho. Muitas são engenheiras que criam e supervisionam modelos de manutenção preditiva. A empresa fez parceria com a Udacity para criar treinamentos online em métodos e técnicas de inteligência artificial. Dados de equipamentos como compressores, instrumentos, bombas e válvulas de controle são agregados em uma plataforma de dados central com "1,9 trilhão de linhas de dados" até o momento, de acordo com Jeavons. A Shell também se juntou à Microsoft para usar seu serviço de nuvem Azure a fim de processar os dados, os quais são armazenados com o software de data lake da Databricks, chamado Delta Lake.

Os engenheiros agora podem usar ferramentas personalizadas de AutoML para gerar modelos e foram treinados em habilidades para validar aqueles selecionados. Também podem manter os modelos ao longo do tempo depois que eles estiverem em produção, além de garantir que façam previsões precisas por meio de uma ferramenta MLOps. Jeavons descreve o AutoML como "um dos maiores aplicativos MLOps do mundo" no âmbito industrial. Ambos fazem parte do ecossistema que descrevemos no capítulo 3, que a Shell desenvolveu em parceria com a C3.AI e a Baker Hughes.

Mais de 10 mil equipamentos são monitorados diariamente, e seus dados, avaliados com modelos de manutenção preditiva baseados em IA, sendo que esse número aumenta em várias centenas a cada semana. Jeavons disse que os engenheiros responsáveis por esse trabalho tendem a gostar do processo de aprender sobre o aprendizado de máquina e, como eles conhecem os equipamentos, estão bem preparados para interpretar e agir com base nos seus modelos.

Dada a diversidade de pessoas na Shell que desenvolvem e mantêm modelos e o objetivo de compartilhar ativos na empresa, foi importante que fossem utilizados processos semelhantes para o desenvolvimento de IA e de sistemas. A organização se associou à Microsoft para disponibilizar ferramentas e métodos nesse sentido, que incluem DevOps (uma metodologia e conjunto de ferramentas para integrar desenvolvimento, operações de TI, gerenciamento de qualidade e segurança cibernética); Azure Boards (painéis para planejamento, rastreamento e discussão do trabalho de desenvolvimento entre equipes); Azure Pipelines (um conjunto de ferramentas e processos para automatizar o desenvolvimento e a implantação de sistemas) e GitHub. O uso generalizado dessas ferramentas permitiu que a Shell compartilhasse códigos e algoritmos e os implantasse com rapidez e sucesso.

Em áreas além da manutenção preditiva, a Shell empregou algumas dessas mesmas abordagens — expandindo a participação em IA, usando processos comuns e firmando parcerias com provedores externos. Ela também utiliza tecnologias adicionais. Na manutenção de tubulações, por exemplo, está empregando drones com câmeras para tirar fotos dos dutos e, em seguida, modelos de aprendizado profundo para detectar possíveis problemas de manutenção. A precisão do reconhecimento de imagens por IA é próxima à dos inspetores humanos, e o tempo necessário à inspeção é muito menor. Em algumas instalações, levava seis anos para eles inspecionarem todas as tubulações, enquanto o drone e o sistema de inteligência artificial podem fazer isso em poucos dias. Inspetores humanos (às vezes em locais remotos) podem então confirmar as avaliações feitas pelos modelos de aprendizado profundo de reconhecimento de imagens e dar prioridade a elas. Assim, as instalações precisam de menos inspetores presenciais, que realizam as verificações mais avançadas. Foi preciso convencer os profissionais para que acreditassem na precisão da abordagem drone/IA e adotassem o novo processo, mas agora eles estão a bordo.

A Shell também está atrás de mudanças habilitadas por inteligência artificial no processo de exploração de subsuperfícies. A empresa percebeu que seus dados nesse sentido estavam localizados em diversos silos e não eram facilmente acessíveis para análise, então criou um universo de dados de subsuperfície. Mas os executivos logo perceberam que muitos de seus colaboradores na área também precisariam de acesso a esses dados.

A empresa e seus parceiros comerciais criaram uma abordagem que discutimos no capítulo 3, em que referenciamos a própria Shell e outras organizações — um ecossistema de compartilhamento de dados e algoritmos. O ecossistema Open Subsurface Data Universe (OSDU) tem apenas alguns anos, mas já é bem extenso, consistindo em mais de 160 empresas e incluindo empresas de energia, fornecedores de tecnologia, bem como consultores e pesquisadores acadêmicos. Seu foco é a troca de dados entre organizações, mas também se trata de um veículo para compartilhar modelos, aplicativos, plataformas e materiais de treinamento. O ecossistema compartilha dados sísmicos, de poços, de reservatórios e de produção, e há padrões para cada um desses tipos.

Outras organizações impulsionadas por IA têm abordagens diferentes para escalonar a inteligência artificial com base em suas circunstâncias, e nem todas são impulsionadas por tecnologias. Na Unilever, por exemplo, o maior desafio é escalar casos de uso de IA nos mais de cem países onde a empresa atua. À medida que a organização lança novos recursos de analytics e inteligência artificial avançados nas áreas de cadeia de suprimentos, marketing de precisão, precificação e promoções, ela trabalha com líderes em cada país (ou pelo menos nos grandes mercados) para personalizar seus modelos e integrá-los aos sistemas e processos locais.

Na Índia, por exemplo, a Hindustan Unilever vende seus produtos para nove em cada dez lares, mas muitos consumidores os compram em pequenas mercearias locais — há milhões delas espalhadas por todo o país. Historicamente, os sortimentos de produtos eram baseados no que a Unilever enviava à loja no passado. Por outro lado, agora os cientistas de dados da empresa já desenvolveram milhares de modelos para personalizar os sortimentos das lojas com base em vendas anteriores, padrões de consumo local, padrões de vida perto do estabelecimento e categorias de produtos em crescimento, até mesmo de concorrentes.

Esses modelos e nível de granularidade funcionam bem para a Índia, mas a abordagem para países que compram em grandes redes de supermercados (Kroger Co. nos EUA), clubes de compras (Costco e Sam's Club, também nos EUA), hipermercados (Carrefour, na França) ou lojas de conveniência (7-11, no Japão) precisam ser muito diferentes. Andy Hill, chefe de dados, analytics e IA da Unilever, nos disse: "Escalonar, para nós, não é uma questão de desenvolver modelos, mas de fazer uma gestão de mudanças e implantação global".

Gerenciando Dados para Treinamento e Todo o Resto

Os dados são os precursores do sucesso do aprendizado de máquina, e os modelos não podem alcançar previsões precisas sem tê-los em grandes quantidade e qualidade. Toda organização que leva a IA a sério precisa lidar com seus dados em algum momento — seja estruturando ou rearquitetando-os, colocando-os em uma plataforma comum e abordando questões incômodas como sua qualidade, dados duplicados e dados isolados em toda a empresa. É justo dizer que o maior obstáculo para a maioria das organizações em termos de escalabilidade de sistemas de inteligência artificial é adquirir, limpar e integrar os dados corretos.

Já descrevemos várias iniciativas de dados relevantes até aqui, a exemplo do envolvimento de Piyush Gupta na reformulação de dados do DBS Bank no capítulo 2, bem como o projeto de dados Advancing DBS with AI e a vasta coleção de dados de manutenção preditiva da Shell, descritos anteriormente neste capítulo. Poderíamos dizer coisas semelhantes sobre a Unilever. A empresa também tem trabalhado em uma nova plataforma de dados baseada em nuvem para analytics e IA. Assim como a Shell, ela está empregando uma arquitetura lakehouse que combina um data lake para dados não estruturados e alguns dados relacionais tradicionais para aplicativos de inteligência de negócios. Essa é a "fonte única de verdade" (SSOT) para os dados da empresa e confere à Unilever a capacidade de escalar o repositório facilmente e lidar com cargas intensivas de analytics e inteligência artificial.

Os ambientes de dados para empresas orientadas para a IA têm várias características:

- *A maioria deles é baseada em nuvem.* Eles fornecem fácil acesso, flexibilidade no sentido de escalar para mais capacidade computacional e várias ferramentas de software de aplicação de IA. Alguns usuários avançados de inteligência artificial, como o Capital One, afirmam que, devido ao menor tempo e atenção dedicados ao armazenamento de dados e ao gerenciamento de infraestrutura desde sua migração para a nuvem, eles conseguiram expandir significativamente seu foco e seus recursos de IA. Se, por algum motivo, uma organização precisar de computação e armazenamento on-premise (por exemplo, por motivos de segurança, latência ou regulamentação), as mesmas tecnologias de inteligência artificial estarão disponíveis nesse contexto.

- *Eles utilizam dados legíveis por máquina.* Normalmente, os dados requerem extração, classificação e preparação, mas, acima de tudo, estruturação — geralmente em linhas e colunas de números, ou pelo menos em campos de texto categorizados — para estarem prontos para a IA. Dados-chave precisam ser extraídos de formatos como faxes, anotações manuscritas, gravações de fala, imagens e vídeos para que as empresas possam obter insights mais profundos a partir deles.

- *Eles envolvem dados internos e externos.* As empresas estão analisando dados geoespaciais, de redes sociais, meteorológicos, imagéticos, bem como outros tipos de dados externos, e então comparando-os com os próprios dados de transações internos. Esses podem ser armazenados e analisados no formato tradicional de linhas e colunas, enquanto os externos podem ser armazenados no formato em que foram criados. No entanto, mesmo os tipos de dados não estruturados precisam ser posteriormente transformados em linhas e colunas de números para análise.

- *Eles são centralizados.* A maioria das empresas "AI-first" com as quais conversamos está tentando se afastar dos vários silos de dados que sua organização mantinha anteriormente e migrar virtualmente todos aqueles usados por analytics ou IA para uma única plataforma de dados. Há um movimento em algumas empresas de migrar para um ambiente de data mesh ou data fabric que integre dados de múltiplas fontes em toda a organização, mas isso ainda está em seus estágios iniciais.

- *Eles têm um foco diferente.* Para fins de IA e analytics, as empresas estão enfatizando algumas das etapas posteriores na cadeia de suprimentos de dados que envolvem o consumo em vez de focar a captura, a coleta e o armazenamento de dados, como faziam anteriormente.[1] Muitas também estão priorizando a criação de produtos de dados para uso interno ou para uso do cliente que combinam dados e modelos de analytics ou de inteligência artificial em uma única oferta.

- *Eles usam sistemas novos.* As empresas que precisam de dados para a inteligência artificial também estão percebendo cada vez mais que precisam dessa ferramenta para os dados. Elas têm usado, por exemplo, sistemas de aprendizado de máquina de correspondência probabilística para combinar dados sobre o mesmo produto, cliente ou fornecedor em diferentes bancos de dados. Os sistemas de IA também estão auxiliando na preparação dos dados, apontando problemas de qualidade e sugerindo abordagens para solucioná-los. Além disso, eles podem criar catálogos automatizados que ajudam os usuários de dados a encontrar o que precisam. Juan Tello, diretor executivo de dados da Deloitte Consulting LLP, também destaca que a inteligência artificial pode ajudar as organizações a cumprir regulamentos como o GDPR, da Europa, e o CCPA, da Califórnia, além de auxiliar a determinar onde as violações de privacidade podem vir a ocorrer e, em certos casos, resolvê-las.[2]

- *Eles estão adicionando membros às equipes.* Apesar da ajuda da IA, lidar com dados ainda é uma atividade laboriosa. Por isso, muitas empresas têm incluído engenheiros de dados nas equipes de inteligência artificial. A função deles é construir ambientes de dados de alta qualidade e volume que possibilitem treinar modelos de IA e aplicá-los aos dados de produção. A execução dessas tarefas libera os cientistas de dados para se concentrarem mais no desenvolvimento de algoritmos e na engenharia de recursos, além de acelerar a implantação do sistema.

Não há dúvida de que as plataformas de dados continuarão sendo um dos pré-requisitos mais importantes para o sucesso da IA. Mas o surgimento das abordagens que descrevemos tem o potencial de tornar a gestão de dados para inteligência artificial significativamente mais eficiente e eficaz.

O Ônus das Arquiteturas e Aplicativos Legados e Como Lidar com Eles

Uma questão importante da tecnologia, embora menos empolgante, para a IA é como lidar com aplicativos transacionais legados e arquiteturas tecnológicas complexas já existentes. Os sistemas de inteligência artificial que fazem previsões, recomendações ou facilitam as interações do usuário com sistemas informáticos precisam integrar-se aos sistemas transacionais, se quiserem ser totalmente implantados. Muitas empresas possuem sistemas legados antigos e fragmentados, o que torna a integração um desafio. Em muitos casos, é necessário modernizá-los para lhes integrar os recursos de inteligência artificial.

Grandes organizações estabelecidas também têm arquiteturas de IA complexas com pilhas de tecnologia complexa. Isso é particularmente verdadeiro em empresas com atividades expressivas de inteligência artificial empreendedora em toda a organização e sem uma coordenação central forte. As capacidades de muitas das tecnologias de IA resultantes se sobrepõem umas às outras. Os líderes têm dificuldades para entender quem usa o quê em suas organizações e como unificar e gerenciar tudo isso. Empresas nessas condições normalmente têm múltiplos sistemas em nuvem, ferramentas de desenvolvimento de inteligência artificial e alianças, o que torna tudo pouco otimizado e difícil de gerenciar. São organizações que precisam retomar o controle dessas arquiteturas diversas e simplificá-las ao longo do tempo.

A provedora de seguros de saúde Anthem Inc. é um exemplo útil, em parte porque ilustra a natureza desafiadora dessa tarefa. Começamos a estudar e aconselhá-la sobre essa questão há muitos anos. Tom Miller, então CIO da organização, falou em uma conferência da Deloitte em 2017. Essa empresa estava trabalhando em estreita colaboração com a Anthem na época para torná-la centrada em IA. Miller descreveu como a Deloitte estava gerenciando os sistemas legados da seguradora, dizendo que o núcleo da arquitetura transacional da Anthem era (e ainda é) seu mecanismo de processamento de sinistros, que processa mais de 1 bilhão deles por ano. Em 2017, a seguradora estava modernizando este mecanismo para combinar múltiplos sistemas (vários dos quais foram incorporados à empresa por meio de aquisições) em uma única plataforma, tornando modulares os seus principais serviços (inscrição, faturamento, precificação, entre outros) e integrando recursos de IA ao sistema central e ao processo. O objetivo era incluir recursos cognitivos, tais como insights de aprendizado de máquina, inteligência artificial conversacional na interface do cliente e automação de processos robóticos. A empresa criou um escritório de capacidade cognitiva exatamente para esse propósito.

Conforme a Anthem foi dando continuidade aos seus esforços de modernização, ela consolidou o processamento de sinistros em um sistema central, fazendo a transição para uma plataforma em nuvem com APIs. Por meio da IA, isso irá promover a interoperabilidade entre sistemas, aprimorar sua capacidade de aumentar a eficiência e gerar economias de custo. Essas mudanças estão bem encaminhadas, mas as abordagens arquitetônicas da organização também avançaram um pouco. Rajeev Ronanki, nosso ex-colega da Deloitte que se tornou CDO da Anthem em 2018 e hoje é seu presidente de negócios de plataforma, afirmou que grande parte da funcionalidade de IA na empresa será fornecida por meio de APIs, em vez de incorporada ao código de sistemas transacionais. As mudanças no ambiente tecnológico da organização são incorporadas a uma série de planos de três anos.

Para o próximo plano, a Anthem tem metas tecnológicas ambiciosas. A automação será um foco importante: o objetivo é automatizar 50% das tarefas da empresa. Além disso, ela pretende fazer com que 90% das interações com stakeholders sejam digitais e baseadas em IA.

Acreditamos que os planos de três anos da Anthem são uma boa maneira de efetivar a transição de uma arquitetura legada para uma baseada em IA. Qualquer empresa estabelecida com dívidas técnicas acumuladas ao longo do tempo não pode se dar ao luxo de reconstruir tudo de uma só vez. E mesmo que pudesse, com o ritmo das mudanças no campo da inteligência artificial, ela provavelmente estaria um tanto obsoleta quando a nova arquitetura tecnológica fosse construída. A chave é definir metas claras e mostrar um valor claro em cada etapa do caminho de um plano plurianual de mudanças.

IA, Digital e AIOps

Uma das aplicações mais populares de IA nos últimos anos, de acordo com a pesquisa anual da Deloitte sobre atividades dessa ferramenta, é a própria TI. Os recursos de inteligência artificial e automação podem prever e diagnosticar problemas em redes e servidores, e os programas de automação podem restaurá-los. Esse tipo de caso de uso de IA pode parecer voltado demais para assuntos internos, mas na verdade tornou-se um recurso crítico para muitas organizações. Se o seu negócio depende de recursos digitais e de TI, você precisa aproveitar todas as ferramentas à sua disposição para garantir a disponibilidade deles.

O uso de inteligência artificial para ajudar nas operações de TI foi chamado de *automação de TI* e, mais recentemente, passou a ser conhecido pelo termo *AIOps* (IA para Operações de TI). A AIOps comporta dados de software e dispositivos de TI para identificar áreas problemáticas e automatizar aspectos das operações envolvidas. A tecnologia não substituiu os operadores de TI humanos conforme as empresas foram se tornando cada vez mais digitalizadas, mas ajudou a limitar razoavelmente o crescimento desse tipo de função.

Um exemplo de empresa focada em IA que adotou AIOps é a Airbus. Ela possui centenas de milhares de dispositivos de TI, cada vez mais essenciais para a produção de aviões e outros produtos. Se equipamentos críticos de TI ficarem inativos ou se não houver peças sobressalentes disponíveis imediatamente, a produção pode até mesmo ser interrompida. A Airbus está usando inteligência artificial para antecipar e evitar falhas nos equipamentos de TI e reduzir seu tempo de reparo, além de utilizar AIOps para monitorar a entrega de informações à plataforma de dados abertos Skywise, descrita no capítulo 3.

A Airbus também fez parceria com a empresa de software Splunk para monitorar e controlar diferentes máquinas em seu processo de produção, bem como seu ambiente de segurança cibernética. Ao longo de dezoito meses, a organização desenvolveu uma plataforma global de fusão de dados que monitora 20 terabytes de dados diariamente a partir de 200 mil ativos geradores de dados. O sistema de monitoramento possui mais de 120 aplicativos diferentes, muitos dos quais têm recursos de aprendizado de máquina. Eles avaliam questões como se os ativos de TI estão operando em níveis ideais, quais componentes sobressalentes podem estar disponíveis, se algo der errado, e o potencial de violação dos dados internos ou externos ou de ameaças internas à segurança. Não há como nenhuma empresa acompanhar e gerenciar com sucesso todos esses dados e aplicativos sem a ajuda da IA.

A Airbus não é um caso isolado. Está claro que as organizações com uma presença digital substancial devem garantir que sua infraestrutura end to end digital e de TI esteja disponível o tempo todo, ou o máximo de tempo possível. Empresas impulsionadas por IA também são movidas digitalmente e precisam de AIOps para manter o fluxo contínuo de seu combustível digital.

Construindo Ambientes de Computação de Alto Desempenho

A tecnologia de IA não é só uma questão de software. Empresas que planejam realizar um desenvolvimento significativo nessa ferramenta precisam estabelecer um ambiente adequado de hardware. Geralmente chamados de *ambientes de computação de alto desempenho* (HPC), eles geralmente incluem sistemas capazes de executar cálculos numéricos em paralelo muito rapidamente. Mais frequentemente, os modelos de inteligência artificial baseados em aprendizado profundo utilizam unidades de processamento gráfico (GPUs) que estão disponíveis em configurações em nuvem e on-premise. Originalmente desenvolvidas para videogames, elas são particularmente adequadas para processamento de imagens, vídeos e linguagem natural. As empresas também precisam de um armazenamento considerável para os extensos dados necessários para o treinamento dos modelos de aprendizado de máquina e elas podem exigir arquiteturas de baixa latência para pontuação dos modelos em tempo real. Outros tipos de métodos de IA requerem versões mais potentes de processadores regulares.

A Deloitte, por exemplo, estabeleceu o Deloitte Center for AI Computing em colaboração com a Nvidia, que forneceu seu sistema DGX A100 habilitado para GPU, para testar novos casos de uso, coinovar com clientes e desenvolver-se criando e vendendo novos produtos e serviços por meio dessa infraestrutura avançada de IA.

O Ritmo das Mudanças na Tecnologia de IA

A tecnologia de inteligência artificial talvez seja aquela que muda mais rapidamente em qualquer domínio de tecnologia da informação. Milhares de pesquisadores estão explorando novos modelos e abordagens de IA, e milhares de fornecedores estabelecidos estão tentando transformá-los em produtos. Alguns fornecedores — mais especificamente as startups — crescem e diminuem com o passar do tempo. Nenhuma organização deve esperar conseguir estabelecer um ambiente tecnológico para inteligência artificial e então deixá-lo operando por uma década. O monitoramento constante das ofertas externas e sua correspondência (ou incompatibilidade) com as necessidades internas é fundamental no espaço da IA.

Acreditamos que toda grande organização — e seguramente cada uma daquelas que são ou aspiram ser focadas em inteligência artificial — deve designar pessoas capacitadas para acompanhar as tendências tecnológicas da IA, experimentar novas tecnologias e incorporá-las quando elas parecerem atender às necessidades da organização. Essas pessoas não precisam ser cientistas de dados ou engenheiros de inteligência artificial excepcionais, mas precisam entender as principais tecnologias da área e como essas oferecem suporte a casos de uso e necessidades de negócios.

Uma última observação: em praticamente todas as discussões neste capítulo referentes às tecnologias que as empresas utilizam para aprimorar sua IA, também abordamos outros tipos de mudanças organizacionais que elas realizaram — trata-se daquele antigo triunvirato de pessoas, processos e tecnologia, ao qual poderíamos acrescentar mudanças de estratégia e modelos de negócios. A tecnologia de IA é poderosa, mas não é muito útil sem mudanças nos negócios, na organização e na cultura.

CAPÍTULO 5

Capacidades

O velho clichê de gestão "X é uma jornada", referente a qualquer tipo de mudança importante nos negócios, também se aplica às transformações habilitadas por IA. Nenhuma empresa adota essa ferramenta de forma extensiva e profunda de uma só vez. É preciso experimentação, desenvolvimento de capacidades ao longo do tempo, avanços e retrocessos, erros e contratempos, além de todos os outros atributos de qualquer grande mudança dentro de uma organização. O que importa é como as empresas constroem recursos sustentáveis de IA ao longo do tempo.

Neste capítulo, descreveremos tais recursos e como são construídos. Falaremos sobre as jornadas específicas de algumas organizações para alcançar os arquétipos de IA aos quais aspiram, bem como sobre alguns princípios gerais para avançar seus recursos. Também indicaremos alguns atalhos que as empresas podem querer adotar, além de mencionar possíveis armadilhas que algumas delas encontraram em suas iniciativas de inteligência artificial e que você pode querer evitar. Por fim, concluiremos o capítulo discutindo recursos éticos e confiáveis de IA e como esses podem ser implementados.

O Caminho Geral para ser Impulsionado por IA

O caminho para se tornar totalmente impulsionado por inteligência artificial ainda não foi exatamente percorrido; estimamos que menos de 1% das grandes organizações correspondam à nossa definição do termo. No entanto, existem modelos de maturidade de capacidade para praticamente todas as capacidades de negócios, e descreveremos uma abordagem semelhante para a IA. O avanço na maturidade nessa área é baseado em fatores diversos, que incluem:

- Amplitude de casos de uso de inteligência artificial em toda a empresa;
- Variedade de diferentes tecnologias de IA empregadas;
- Nível de engajamento dos líderes seniores;
- Papel dos dados na tomada de decisões corporativas;
- Extensão dos recursos de inteligência artificial disponíveis — dados, pessoas, tecnologias;
- Aumento das implantações de produção, em oposição a pilotos ou experimentos de IA;
- Ligações com a transformação da estratégia ou dos modelos de negócios;
- Políticas e processos para garantir o uso ético da inteligência artificial.

Os modelos de maturidade de capacidade geralmente têm cinco níveis, e não há por que se afastar desse modelo. Outro padrão é que eles tendem a ter capacidades baixas no Nível 1 e altas no Nível 5. Os níveis de capacidades apresentados no capítulo 1 serão repetidos aqui, mas desta vez com seus respectivos níveis explicitados:

- *Impulsionadas por IA (Nível 5)*. Possuem todos ou a maioria dos componentes já descritos, totalmente implementados e operantes — o negócio é construído com base em recursos de inteligência artificial e está se tornando uma máquina de aprendizado (consulte a próxima seção);

- *Transformadoras (Nível 4)*. Ainda não são impulsionadas por IA, mas estão relativamente avançadas nessa jornada, tendo alguns dos atributos já implementados. Além disso, possuem várias implantações de IA que estão gerando valor substancial para a organização;
- *Desbravadoras (Nível 3)*. Já iniciaram a jornada e estão progredindo, mas ainda se encontram em um estágio inicial — já implantaram alguns sistemas e alcançaram alguns resultados positivos mensuráveis;
- *Iniciantes (Nível 2)*. Estão experimentando com IA — possuem um plano, mas ainda precisam realizar muito para progredir; têm pouca ou nenhuma implantação de produção;
- *Insuficientes (Nível 1)*. Começaram a experimentar com IA, mas não possuem implantações de produção e geraram pouco ou nenhum valor econômico.

Também podemos adicionar um "Nível 0" para descrever empresas que não possuem qualquer atividade de IA, mas essa certamente é uma categoria minoritária entre as grandes organizações que operam em economias sofisticadas. A principal diferença em relação a outros modelos de maturidade é que estamos oferecendo três arquétipos alternativos para o uso de inteligência artificial, mas uma empresa pode estar em vários níveis, independentemente do foco de seus esforços.

Poderíamos argumentar que, ao falar sobre organizações impulsionadas por IA, quase sempre estamos descrevendo aquelas de nível 5. Como nossos exemplos até aqui, essas empresas possuem uma ampla variedade de tecnologias e casos de uso de IA em vigor, bem como plataformas tecnológicas especializadas para suportá-los. Elas também experimentam em algum grau, e aquelas que se esforçam para criar podem realizar mais experimentações do que aquelas que buscam melhorias operacionais. O objetivo de todas essas organizações, no entanto é efetivamente conduzir negócios com IA, colocando sistemas dessa ferramenta em implantação de produção — e isso geralmente é alcançado. Novos processos de negócios são empregados. Novos produtos e serviços são introduzidos no mercado e utilizados pelos clientes. Os executivos seniores se envolvem e são ativos na identificação de casos de uso e no monitoramento de desempenho. Trata-se de organizações que estabeleceram grupos de ciência de dados, modernizaram suas infraestruturas digitais e identificaram grandes volumes de dados para modelos de treinamento e teste.

Talvez o mais importante nisso tudo, como discutimos no capítulo 3, é que existem arquétipos alternativos para o emprego de IA e versões um tanto diferentes de modelos de capacidade para diferentes estratégias. Como já foi observado, nossa perspectiva é que os três principais arquétipos podem ser resumidos em (1) criar novos negócios, produtos ou serviços; (2) transformar operações e (3) influenciar o comportamento do cliente. Embora as melhorias operacionais sejam o objetivo mais comum para a adoção da inteligência artificial de acordo com nossas pesquisas, está claro que pelo menos algumas empresas não a utilizam apenas para tornar suas estratégias, operações e modelos de negócios existentes um pouco mais eficientes. Em vez disso, elas a usam para viabilizar novas estratégias, inovar radicalmente em projetos de processos de negócios e possibilitar novos relacionamentos com clientes e parceiros. Essas organizações avaliariam suas capacidades em termos do grau em que conseguiram desenvolver novas estratégias, modelos de negócios ou produtos. Os objetivos de IA com foco operacional implicariam a conquista de melhorias operacionais substanciais, e aqueles relacionados ao comportamento do cliente se concentrariam no tamanho da mudança efetiva desse comportamento. Evidentemente, esse nível de transformação dos negócios requer o envolvimento ativo e a participação nas deliberações estratégicas por parte da alta administração, algo que as organizações de Nível 5 geralmente apresentam.

Ping An: Uma Empresa Nível 5 para Criar Novos Modelos de Negócios

Seria difícil imaginar uma companhia com maior comprometimento para com negócios impulsionados por IA do que a Ping An, empresa sediada na China que começou como uma seguradora em 1988. Conforme delineamos no capítulo 1, ela evoluiu rapidamente para uma plataforma integrada de serviços financeiros, oferecendo produtos e serviços de seguros, bancos e investimentos por meio de ecossistemas de estilo de vida que englobam serviços financeiros, de saúde, automotivos e para cidades inteligentes. A Ping An usou inteligência artificial para estabelecer novos modelos de negócios, estratégias, ecossistemas e processos em uma estratégia que se provou excelente à medida que a economia da China crescia significativamente e a situação financeira dos consumidores melhorava na transição do século XX para o XXI. Conforme discutimos no capítulo 3, ninguém pode duvidar de que a IA está sendo usada para impulsionar a transformação dos negócios a nível empresarial, nem de que essa empreitada já foi bem-sucedida. É claro que a Ping An também usa a tecnologia para melhorar as operações existentes em seus diversos ramos, mas seu foco é a criação de cenários e oportunidades de negócios impulsionados por inteligência artificial.

A equipe da alta administração da Ping An certamente está engajada com a IA. Peter Ma Mingzhe, fundador e presidente da empresa, está fortemente envolvido com a equipe de ciência de dados e procura motivar novos desenvolvimentos dessa ferramenta e de tecnologias relacionadas. Quando tem uma ideia para uma nova aplicação de IA dentro do negócio, ele sempre encontra a equipe certa para concretizá-la. Há mais de uma década, Ma tem sido um entusiasta em relação a dados, depois a big data e, finalmente, a IA. Em 2013, contratou Jessica Tan como diretora de operações e TI. Tan veio da McKinsey, uma empresa de consultoria de gestão, e possui dois diplomas do MIT. Atualmente, ela é co-CEO e responsável pelas iniciativas de IA da Ping An.

A empresa também estabeleceu uma organização massiva em ciência de dados. Em junho de 2021, ela contava com mais de 4,5 mil cientistas de dados e especialistas em IA, bem como mais de 110 mil especialistas científicos e técnicos. Jing Xiao, cientista-chefe e chefe de inteligência artificial efetivo do grupo, possui doutorado em ciência da computação e robótica pela Carnegie Mellon. Muitos dos cientistas de dados, aliás, eram acadêmicos antes de entrarem na empresa. Os especialistas em IA são designados para iniciativas em unidades de negócios específicas com base em projetos. Xiao nos disse que as imensas quantidades de dados da organização (em parte derivadas de sua estrutura de ecossistema) e os muitos casos de uso para aplicação facilitam a atração de talentos na área da ciência de dados. Também disse que os especialistas em IA não apenas criam modelos, mas têm responsabilidades para implantá-los nos negócios.

A Ping An possui um longo inventário de casos de uso de inteligência artificial, alguns dos quais são bastante visíveis para o mundo externo. Em sua plataforma Good Doctor, por exemplo, que ajudou a criar um novo negócio para a empresa na área da saúde, os sistemas baseados em IA auxiliam médicos humanos no diagnóstico de sintomas e na triagem, atendendo mais de 400 milhões de assinantes. Na unidade de negócios Smart Cities, um sistema inteligente de previsão de doenças ajuda a monitorar e prever enfermidades como gripe e diabetes em várias grandes cidades chinesas. O aplicativo Auto Owner, por sua vez, utiliza inteligência artificial e outras ferramentas digitais para solucionar, em menos de dois minutos, alegações de acidentes de carro a partir de fotos tiradas por smartphones. Outros recursos do mesmo aplicativo podem gerar, em menos de sete segundos, uma apólice de seguro recomendada para um cliente. O negócio da Ping An com a OneConnect, direcionado para empresas de serviços financeiros, possui um poderoso recurso de gerenciamento de riscos baseado em IA. E existem muitos outros aplicativos dessa ferramenta semelhantes em toda a empresa.

A Ping An desenvolveu várias plataformas de IA diferentes para impulsionar esses casos de cenário do usuário. O Ping An Brain, por exemplo, integra métodos como aprendizado profundo, mineração de dados, reconhecimento biológico e outras tecnologias para potencializar casos de uso de cenários na análise de eventos em cadeia industrial; reconhecimento de voz; mecanismos de recomendação e implantações de robôs. As aplicações de cidades inteligentes, como a previsão de doenças, são conduzidas por uma plataforma chamada PADIA para tomada de decisões baseadas em dados. Ela incorpora uma variedade de algoritmos de IA, incluindo aprendizado de máquina e processamento de linguagem natural.

Organizacionalmente falando, grande parte da inteligência artificial da Ping An emana de sua unidade de tecnologia, a Ping An Technology, que tem sede em Shenzhen, mas também possui laboratórios em várias outras cidades chinesas e em outros lugares, incluindo Singapura. Fundada em 2008, a Ping An Technology ganhou inúmeros prêmios por seus projetos de pesquisa e ficou em 8º lugar mundial em 2019 pelo número de patentes desenvolvidas. Hoje, a maioria de seus projetos de pesquisa envolve IA de alguma forma.

Há mais de trinta anos, a Ping An tem utilizado inteligência artificial baseada em dados e cenários para impulsionar e transformar seus negócios, eventualmente indo além do setor de seguros e tornando-se uma das principais provedoras de serviços financeiros integrados e de saúde. Mas não há razão para que outras seguradoras — ou organizações de outros setores — não possam adotar a mesma abordagem. A Ping An passou de uma pequena empresa no final da década de 1980 para uma gigante global. Com receita de mais de US$191 bilhões, ela ficou em 16º lugar na lista Fortune Global 500 de 2021 e em 2º lugar entre as empresas financeiras globais.

Transformação Operacional no Scotiabank: Início Lento, Aceleração Rápida

Algumas organizações e leitores podem achar que adquirir capacitação em IA é uma espécie de corrida, e que, se uma empresa ficar para trás, nunca conseguirá alcançar a concorrência. Essa ideia é prontamente desmentida pelo Scotiabank (oficialmente Bank of Nova Scotia), um dos "cinco grandes" bancos sediados no Canadá que adotou uma abordagem orientada para a obtenção de resultados em IA, acelerando sua capacitação nos últimos dois anos. Enquanto alguns dos concorrentes construíram ou adquiriram recursos de inteligência artificial mais cedo, o Scotiabank se concentrou primeiro na transformação digital em larga escala, que lançaria as bases para seus recursos de dados e analytics. Embora esse foco possa ter retardado a entrada do banco no setor de analytics e IA de ponta, por outro lado, isso possibilitou uma abordagem eminentemente prática e orientada por dados para atender às necessidades dos clientes em seus diversos negócios.

O Scotiabank conseguiu alcançar algumas áreas cruciais em IA, integrando mais estreitamente seu trabalho com dados e analytics; adotando uma abordagem pragmática para a ferramenta e concentrando-se em conjuntos de dados reutilizáveis, que contribuem tanto para a velocidade quanto para o retorno sobre os investimentos.

Em meados de 2019, Brian Porter, CEO do banco, sentiu que era importante aprimorá-lo no quesito analytics, e que uma nova equipe focada em Visão do Cliente, Dados e Analytics (Customer Insights, Data e Analytics, ou CID&A) seria fundamental para essa tarefa. Porter nomeou Phil Thomas como vice-presidente executivo da equipe CID&A, subordinando o diretor de analytics (CAO) e o diretor executivo de dados (CDO) do banco diretamente a Thomas. Um diretor de TI (CIO) dedicado também foi adicionado para apoiá-lo.

Essa estrutura integrada de relatórios permitiu que o Scotiabank agisse rapidamente na coleta e gestão dos dados necessários e na consequente implementação de seus recursos de analytics e de IA. Como disse um dos executivos: "Nossos incentivos, liderança e personalidades estão todos alinhados — não há atrito ou bloqueios."

Dito isso, os executivos do Scotiabank sabem que o sucesso vem do alinhamento direto desses elementos com seus objetivos de negócios. Por exemplo, embora as funções de analytics e IA sejam centralizadas, a maioria dos cientistas de dados está diretamente alinhada aos vários segmentos de negócios. Como resultado, os líderes de negócios acabam por impulsionar a agenda de desenvolvimento para casos de uso de analytics e inteligência artificial, trabalhando em estreita parceria com suas respectivas equipes dedicadas. "A digitalização tornou o banco inteiro visível em dados, e o pessoal de analytics e IA não é apenas um recurso facilitador — fazemos parte das novas linhas de frente", disse Grace Lee, que foi CAO até outubro de 2021. (Lee assumiu a liderança do CID&A naquela época, e Thomas subiu de cargo, tornando-se diretor de riscos (CRO), posição que também inclui a supervisão do CID&A.)

Para Thomas, Lee e seus colegas, aprimorar os processos principais e tomar decisões melhores dentro do banco era o caminho a seguir. A maneira de concretizar isso seria por intermédio de uma abordagem de inteligência artificial orientada para resultados — à qual Thomas se refere como "IA de colarinho azul". O foco não está em pesquisa ou experimentação, mas nos projetos com alta probabilidade de agregar valor aos negócios em um período relativamente curto. Não há projetos de "grande impacto", apenas aqueles que envolvem a melhoria contínua das operações do banco e dos relacionamentos com os clientes. Resultado: a maioria dos projetos da área são implementados em produção, estando 80% dos modelos de analytics e IA já implantados, e 20%, pendentes, de acordo com Lee.

Os executivos do Scotiabank reconheceram que mudanças drásticas nos modelos de negócios e nas ofertas de produtos/serviços poderiam provocar mais dificuldades para eles ganharem força e alcançarem a tração necessária para criar impulso. Embora alguns recursos sejam dedicados a explorar como novas tecnologias (não apenas IA, mas também blockchain e computação quântica) podem impulsionar novos modelos de negócios e produtos, a grande maioria da equipe CID&A está focada em melhorar as operações e as experiências do cliente hoje.

Em conformidade com a abordagem de IA do banco, que foca o cliente, vários de seus principais casos de uso concentraram-se em melhorar a experiência desse público. O Scotiabank decidiu, durante a pandemia de Covid-19, que tentaria encontrar uma consultoria financeira para os clientes que mais precisavam de ajuda (primeiro, os consumidores individuais e, posteriormente, as pequenas empresas). A equipe responsável desenvolveu um aplicativo que emprega um modelo de aprendizado de máquina para identificar consumidores mais passíveis de terem problemas de fluxo de caixa, usando dados transacionais como depósitos e níveis de despesa. Com isso, o banco identificou aqueles que mais precisavam de apoio e orientação. A equipe CID&A então fez parceria com o braço de varejo bancário do Scotiabank no Canadá para alavancar essas oportunidades de contato proativo por meio de gerentes de relacionamento da agência, os quais, por sua vez, usariam essas listas segmentadas para se conectar com os clientes e oferecer conselhos e suporte personalizados.

O Scotiabank também introduziu um mecanismo de marketing e engajamento orientado por IA para apoiar interações proativas com os clientes. Isso analisa tanto os eventos da vida do correntista que são conhecidos pelo banco (nova hipoteca, nascimento na família, entrada do filho na faculdade) quanto as suas preferências por determinados canais (agências, celular, site, central de atendimento ou e-mail) para lhe oferecer aconselhamento bancário personalizado por meio dessas informações.

Embora o foco da IA do banco esteja nos clientes, há muitos casos de uso em outras áreas também. O Scotiabank obteve retornos substanciais ao automatizar tarefas no back-office de sua divisão de bancos e mercados globais, melhorando a segurança na linha de frente e reduzindo, em mais de um minuto por chamada, o tempo de busca de informações nas respostas do centro de atendimento.

A função de gestão de dados no Scotiabank, liderada pelo CDO Peter Serenita, também trouxe mudanças. O objetivo era fornecer dados mais rapidamente para casos de uso de analytics e IA — porque, sem aqueles, os modelos não seriam possíveis. Antes da reestruturação do CID&A, em 2019, a estratégia de dados da instituição focava principalmente a defesa — uma abordagem de proteção ao banco que enfatizava a conformidade regulatória, relatórios financeiros e gestão de riscos.

Com o foco adicional na visão do cliente e na realização de valor ágil, o pessoal de dados desenvolveu uma nova abordagem para entrega de dados que chamou de *conjunto de dados autoritativos reutilizáveis* (RAD). A equipe identificou conjuntos de dados reutilizáveis para dados de clientes, transacionais, de saldo, e assim por diante. Essa estratégia aumenta a velocidade, a consistência e o valor. Embora seja tipicamente desafiador produzir altos retornos sobre o investimento (ROIs) em projetos de dados, Serenita diz que isso já é algo comum no Scotiabank.

A experiência do banco é uma evidência de que organizações que começam devagar com a IA podem alcançar e até mesmo superar os concorrentes que começaram antes, desde que estejam comprometidas em investir e potencializar o valor da tecnologia de inteligência artificial. A estratégia de IA de colarinho azul adotada pelo Scotiabank garante que as iniciativas dessa ferramenta agreguem valor aos negócios e que a grande maioria delas seja implantada em produção. É uma estratégia que está claramente focada em aprimorar as operações existentes e facilitar relacionamentos mais próximos com os clientes. Evidentemente, a clareza de propósito do banco torna muito mais provável que seus objetivos sejam alcançados.

Influenciando o Comportamento dos Clientes com Dados e IA no Setor de Seguros

Deixamos claro que o objetivo menos comum das empresas em relação à IA é mudar o comportamento do cliente. Essa meta, como discutimos, está bastante avançada nas organizações de rede social, mas não tanto em outros setores. E, como é bem sabido hoje, as redes sociais podem mudar o comportamento tanto positiva (por exemplo, criando um sentimento comunitário) quanto negativamente (provocando divisões sociais).

No setor de seguros, todavia, o objetivo é gerar apenas mudanças de comportamento positivas. Trata-se de um setor que busca cada vez mais não apenas compensar os clientes quando algo ruim acontece em suas vidas, mas também ajudá-los a evitar que coisas ruins aconteçam em primeiro lugar. Essas empresas, é claro, buscam obter lucros, mas querem fazer isso ajudando seus segurados a se manter saudáveis e seguros.

Encontramos pelo menos três organizações em diferentes segmentos do setor que estão tentando mudar o comportamento de seus clientes por meio da IA. Todas se encontram em estágios relativamente iniciais nessa busca e procuram fazer uso dessa tecnologia para alcançar melhorias operacionais. Algumas estão se associando a startups para ajudar a desenvolver esses recursos, enquanto outras o fizeram por conta própria.

Talvez a mais avançada nesse sentido seja a Progressive Insurance, que há muito é pioneira no uso de dados e analytics para tomada de decisões orientadas ao cliente. Ela foi a primeira no setor a precificar os seguros com base na pontuação de crédito e, posteriormente, com base no comportamento dos motoristas. Tornaremos a falar da Anthem, a grande empresa do setor de saúde que descrevemos no capítulo 4; e por fim, a Manulife, que é a maior seguradora do Canadá (com negócios nos Estados Unidos e na Ásia) e oferece, além de seguros de vida e saúde, anuidades e outros serviços financeiros.

Motivando uma condução melhor na Progressive

Globalmente, o negócio de seguros de automóveis está se aproximando da ideia de que a monitoração dos próprios hábitos de direção é a melhor maneira de determinar o quanto um cliente deve pagar pelo seguro. Chamada de *seguro baseado no uso* (ou UBI), essa abordagem usa sensores a fim de medir como e quando alguém dirige, fixando preços mais baixos para motoristas mais seguros e mais elevados para aqueles que apresentam comportamentos de direção mais arriscados. A Progressive introduziu essa inovação em 2008, com um programa que agora se chama Snapshot.

Até agora, a Progressive captou dados de mais de 22 bilhões de quilômetros percorridos por seus clientes do Snapshot. Ela usa modelos de aprendizado de máquina para traduzir comportamentos de direção nos preços que cobra aos segurados individuais. Recentemente, a empresa adotou o aprendizado de máquina automatizado (AutoML) para que os cientistas de dados possam analisar mais dados e precificar com maior eficiência e eficácia.

O Snapshot monitora diferentes fatores em diferentes estados dos EUA, mas, entre os dados de direção que a Progressive coleta (seja por meio de um celular ou de um dispositivo que se conecta ao carro e transmite dados via wireless), estão:

- *Aceleração ou desaceleração excessiva.* Por meio de um acelerômetro, o Snapshot monitora acelerações rápidas, frenagens bruscas ou curvas acentuadas.
- *Horário de condução.* O programa monitora quando os clientes dirigem, cobrando mais pelo seguro quando os motoristas estão na estrada entre meia-noite e 6h ou durante os horários de pico.
- *Distância percorrida.* O Snapshot cobra preços mais baixos de motoristas que percorrem quilometragens menores em seus veículos (embora exija um mínimo de cerca de 6,5 mil quilômetros por ano).
- *Uso do telefone celular.* Se o motorista tiver o aplicativo no celular, o programa pode determinar se ele faz chamadas ou envia mensagens de texto enquanto dirige e, em caso afirmativo, cobra mais por isso.
- *Excesso de velocidade.* Dirigir acima ou abaixo dos limites de velocidade (a versão para dispositivos móveis possui GPS) é registrado pelo Snapshot e resulta em preços mais baixos para velocidades legais.

O aplicativo influencia o comportamento não apenas por meio de descontos (até 30%), mas também de notas de segurança atribuídas à condução (a nota A garante grandes descontos, a B, descontos menores, e a C ou abaixo, nenhum); de sinais sonoros do dispositivo plug-in quando comportamentos não seguros são registrados; de relatórios disponíveis no site sobre a direção na estrada e de dicas de direção geradas por aprendizado de máquina em smartphones. A Progressive afirma que, no total, os motoristas economizaram cerca de US$1 bilhão em seus seguros através do aplicativo. Em algum momento, seria interessante se a empresa também pudesse calcular o número provável de acidentes que ajudou a evitar.

Novos comportamentos de saúde na Anthem

A Anthem anunciou em 2020 que planejava se tornar uma plataforma digital de saúde para conectar os milhões de membros de seus planos de saúde a serviços para melhorar seu bem-estar de forma integral. Rajeev Ronanki, presidente de plataformas digitais da empresa, disse-nos que o objetivo era passar do "cuidado dos pacientes" para a "assistência médica": "Em vez de tratar as pessoas quando elas estão doentes, vamos tentar mantê-las saudáveis". Ele disse que a empresa está tentando conectar membros individuais, empregadores e profissionais de saúde para criar um atendimento de saúde personalizado e incentivar comportamentos saudáveis, mudando o foco de um atendimento reativo para um proativo e preventivo.

Ronanki foi citado no relatório anual de 2020 da organização:

> Sete das dez empresas mais valiosas do mundo hoje são negócios de plataforma que digitalizaram efetivamente a oferta e a demanda. Na Anthem, nós construímos a maior plataforma do setor, integrando nossos imensos ativos de dados, IA própria e algoritmos de aprendizado de máquina. É por meio dela que conseguimos digitalizar conhecimentos e criar uma experiência mais ágil e integrada para nossos consumidores, clientes, parceiros provedores e comunidades.

O relatório continua:

> Nossa abordagem de plataforma já está causando impacto: nós virtualizamos a prestação de cuidados sem precisar adquirir uma infraestrutura física dispendiosa. Somos capazes de prever a demanda por atendimento e conectar as pessoas ao serviço certo no momento certo, combinando perfeitamente atendimento digital, virtual e físico. E podemos otimizar continuamente a oferta e a demanda usando nossos recursos de IA e aprendizado de máquina para identificar necessidades de saúde individuais que gerarão um impacto geral na melhoria do bem-estar a nível comunitário.[1]

Em 2021, a Anthem desenvolveu um premiado aplicativo para seus segurados, equipado com um conjunto de ferramentas e serviços aprimorados por IA e desenvolvidos a fim de facilitar a navegação pelo atendimento e personalizar a experiência de cuidados para cada indivíduo. Uma dessas ferramentas inclui a capacidade de associar membros a provedores compatíveis, utilizando informações de saúde fornecidas, dados demográficos e preferências. A Anthem também utiliza seus recursos de inteligência artificial para identificar segurados que necessitam de procedimentos complexos e, em seguida, orientá-los para instalações e serviços de alta qualidade e baixo custo a fim de facilitar o acesso aos cuidados e reduzir os gastos para o cliente.

A Anthem quer capacitar os membros e suas comunidades, devolvendo-lhes o controle sobre a própria saúde. A empresa entende que o bem-estar vai além da esfera clínica e se estende ao ambiente que cerca cada pessoa, onde os comportamentos e decisões cotidianas são a chave para que os membros vivam melhor e por mais tempo. Como boa parte da saúde de alguém é determinada pela comunidade em que se habita, a Anthem está dando um passo à frente ao se associar a empresas como a Sharecare para impactar o bem-estar integral. Juntas, elas desenvolveram IA para realizar análises geográficas com base nos dados do Índice de Bem-Estar Comunitário da empresa de saúde digital a fim de determinar o bem-estar das comunidades em todo o país e identificar oportunidades de melhora. A nível individual, a inteligência artificial da Sharecare adapta e sugere mudanças de estilo de vida e hábitos por meio de programas certificados, além de permitir abordagens personalizadas e intervenções no caso da identificação de tendências desfavoráveis. Naturalmente, o objetivo aqui é fazer com que o aprendizado de um beneficie a todos, transformando a saúde da comunidade por meio de informações integradas e compartilhadas, sempre alimentadas pela IA. Para alcançar essa transformação na saúde, os pesquisadores da área também podem coletar e treinar os próprios dados de saúde para gerar modelos de inteligência artificial que impactem positivamente suas comunidades em tempo real.

A Anthem entende que, embora a experiência dos segurados e o envolvimento da comunidade sejam críticos para a assistência médica, um impacto mais profundo requer a capacitação de todo o ecossistema de saúde. Para os provedores, muitos dos recursos de IA da Anthem encontram-se na plataforma de colaboradores e no sistema de gestão de cuidados da organização. Integrados ao fluxo de trabalho dos clínicos, insights impulsionados por inteligência artificial estão disponíveis para os provedores, criando uma visão holística e completa de seus pacientes. Essa visão utiliza os prontuários de saúde e outras fontes de dados, como sensores de bem-estar e monitores de pacientes remotos. As ferramentas de IA da Anthem ajudam os clínicos a sintetizar e priorizar as intervenções de saúde para os pacientes com base em uma vasta quantidade de dados, resultando em intervenções oportunas e resultados de bem-estar melhores por meio de uma prestação de cuidados mais proativa e personalizada.

Além de capacitar membros e provedores, a empresa desenvolveu alternativas para que os planos de saúde identifiquem lacunas no atendimento, principalmente aquelas que afetam diretamente os membros do Medicare e do Medicaid. Essas ferramentas de IA e analytics buscam otimizar risco e qualidade ao realizar análises de causa-raiz (RCA) para as classificações de qualidade dos planos de prescrição Medicare Advantage e Part D, habilitando projetos de intervenções clínicas de próxima melhor ação e personalizando o contato com os segurados, de forma a garantir que os insights se transformem em ações.

A Anthem está criando soluções abrangentes de IA que impactam a jornada de saúde individual de cada membro e a experiência de assistência médica de ponta a ponta. Por meio dessa ferramenta, a empresa está trabalhando para personalizar as opções de atendimento, simplificar a gestão de cuidados e fornecer o atendimento certo na hora e lugar certos. Em meados de 2021, mais de um milhão de membros da organização já estavam utilizando o assistente digital da empresa, um conjunto centralizado de ferramentas que conecta um segurado com condições crônicas ou complexas (como câncer) à equipe de atendimento como um todo. A Anthem também oferece o programa Total Health, Total You para membros do grupo de empregadores, ajudando-os a criar e implementar um plano de melhoria de saúde personalizado que inclui assistentes de suporte ao cliente. Apoiadas por IA, essa assistência é baseada em modelagem preditiva, que fornece informações relevantes aos clientes por meio de comunicações por voz ativa ou chat. O objetivo da mudança de comportamento é motivar os membros a cuidar melhor da própria saúde.

A Anthem integrou — em parceria com a Hydrogen Health — um verificador de sintomas para os segurados inserirem no aplicativo os sintomas que estão sentindo. Esse, então, informa como outros usuários que apresentaram sintomas semelhantes foram diagnosticados e, em seguida, fornece opções para o cliente obter mais informações, incluindo mensagens de texto, uma chamada com um médico ou autotratamento. O aplicativo já está sendo usado por milhares de membros, e a Anthem espera ter 5 milhões de usuários até 2025.

No capítulo 3, discutimos a parceria da Anthem com a Lark para monitorar e tentar melhorar a saúde de seus membros por meio da IA. Essa é uma das muitas tentativas de se utilizar dados, inteligência artificial e intervenções relativamente automatizadas a fim de ensinar os consumidores a respeito de comportamentos saudáveis e tentar lhes inculcar esses hábitos em escala.

A Anthem possui todos os recursos necessários para se destacar em IA e tem se concentrado fortemente na tecnologia por vários anos. Ela possui pessoal, liderança, investimentos e outros recursos para impulsionar melhorias operacionais, além de novos programas para influenciar os comportamentos dos membros. Claro, promover mudanças nos comportamentos de 43 milhões de segurados é uma meta ambiciosa, e por isso a empresa abordará a questão com IA e outras iniciativas por algum tempo.

Seguro comportamental na Manulife

A Manulife, gigante seguradora canadense com operações importantes nos Estados Unidos e na Ásia, está levando a sério a ideia de que as empresas do ramo devem ir além de compensar clientes quando eles morrem, têm problemas de saúde ou sofrem acidentes em casa ou no carro. Seu objetivo é ajudar os segurados a levar vidas mais seguras, saudáveis e melhores no geral. A empresa adotou a ideia de seguro comportamental, que utiliza princípios da economia comportamental para mudar o comportamento dos clientes de maneira positiva — por meio de IA e de outras abordagens, conforme discutimos no capítulo 3.

A Manulife é uma das poucas parceiras globais (a Ping An é outra) da Vitality, uma seguradora sediada no Reino Unido e especializada em motivar mudanças comportamentais para melhorar a saúde dos clientes. Entre os comportamentos não saudáveis que a empresa aborda estão a falta de exercícios físicos, os hábitos alimentares pouco saudáveis, o tabagismo e o consumo excessivo de álcool. Esses comportamentos estão associados às 4 doenças não transmissíveis (doenças respiratórias, câncer, diabetes e doenças cardiovasculares) que causam 60% das mortes precoces em todo o mundo, de acordo com a Organização Mundial da Saúde.

Por meio da parceria com a Vitality, a Manulife oferece aos seus membros a possibilidade de enviar seus rastreadores de atividades e outros tipos de dados para a seguradora e receber recompensas (incluindo descontos em smartwatches, prêmios de seguros menores e descontos em viagens) por se manterem em forma. Eles também podem conseguir descontos em alimentos saudáveis nos varejistas participantes. A IA é usada para fornecer incentivos personalizados aos membros com o objetivo de motivar ou recompensar comportamentos específicos. Os clientes mais ativos da Vitality em todo o mundo têm taxas de mortalidade

60% menores que a média e apresentam reduções significativas (de 20% a 30%) de morbidades.

Embora haja evidências de que essas intervenções comportamentais personalizadas estão funcionando, pode-se dizer que ainda estamos nos primórdios da influência de comportamentos por IA. Ainda não sabemos qual a melhor forma de motivar e mudar comportamentos individuais, que combinação de recompensas é mais eficaz, nem o quanto essas mudanças de comportamento durarão. Trata-se, porém, de um esforço admirável, e certamente há uma quantidade de dados grande demais, sem contar a de previsões a fazer e de prescrições a seguir, para realizar esse feito com sucesso sem a inteligência artificial. Além disso, como já observamos, as redes sociais têm alterado comportamentos (para o bem ou para o mal) e sido bem-sucedidas na pontuação de créditos — então, por que isso não seria possível nos seguros?

Também é importante ressaltar que, embora diferentes arquétipos exijam diferentes capacidades, cada uma das empresas que descrevemos neste capítulo utiliza a IA para propósitos variados. A Ping An utiliza-a não apenas para criar novos ecossistemas e modelos de negócios, mas também para identificar e gerenciar riscos, bem como gerar desempenho operacional. Além disso, ela está experimentando influenciar o comportamento dos clientes. Já a Progressive utiliza a IA não apenas para sua oferta de seguro baseada no uso do Snapshot, mas também para seu chatbot de atendimento ao cliente com base em seus populares comerciais de TV. E praticamente todas essas organizações estão buscando a automação de funções de back-office.

Também é fundamental lembrar que, embora essas empresas estabelecidas estejam desbravando novos caminhos em seus setores, todas têm startups como concorrentes. No setor de seguros, por exemplo, startups como Oscar e Lemonade competem com a Anthem e a Progressive nos EUA. Na China, a Ping An tem startups concorrentes em cada um de seus ecossistemas. O fato de essas organizações estarem desenvolvendo fortes capacidades de IA não garante, portanto, sua sobrevivência no longo prazo. Mas certamente a torna mais provável.

Desenvolvendo Capacidades Éticas de IA

Um aspecto fundamental no desenvolvimento de capacidades de IA é garantir que seus sistemas sejam confiáveis e éticos. Isso é amplamente acordado, em princípio, como uma questão importante, mas sua execução efetiva é algo muito mais desafiador. Apenas algumas organizações possuem as estruturas e processos necessários para tal, e a maioria delas são da área de tecnologia. E até mesmo essas empresas enfrentam desafios éticos com a inteligência artificial.

Políticas e funções em fornecedores de IA

O primeiro passo em um programa de inteligência artificial responsável é criar políticas e funções responsáveis para supervisionar a dimensão ética dessa ferramenta. A maioria das organizações que deram esse passo até o momento são fornecedoras de produtos e serviços de IA — empresas de tecnologia ou de serviços tais como Google, Facebook, Microsoft, Salesforce, IBM, Sony e DataRobot. A maioria daqueles que são responsáveis pela ética da inteligência artificial se concentra principalmente no evangelismo interno (relacionado aos seus produtos e serviços) ou na pregação externa (para os clientes) sobre a importância da ética da IA.[2] Alguns desenvolveram métodos específicos a fim de melhorar ou rastrear questões éticas, como a ideia de model cards para documentar tanto fontes de dados quanto intenções algorítmicas, desenvolvidas pelo Google e aplicada na Salesforce e em outros lugares.[3] O Facebook criou uma ferramenta chamada Fairness Flow para avaliar possíveis vieses algorítmicos nos modelos de aprendizado de máquina desenvolvidos por ele.[4]

No entanto, o status desses grupos de ética de IA em alguns fornecedores — especialmente no Google — tem sido um tanto incerto e instável. O Google demitiu dois pesquisadores da área depois que eles criticaram algumas tecnologias da empresa, e os funcionários restantes dessa equipe estão incertos sobre os rumos que estão sendo tomados.[5] A ética de inteligência artificial do Facebook também foi questionada publicamente, um de seus cientistas de dados delatou a empresa, a despeito de ela manter um grupo de IA responsável dedicado.

Apesar das controvérsias e do alvoroço, algumas organizações restringiram o desenvolvimento e a comercialização de alguns recursos de inteligência artificial, pelo menos em parte, porque os grupos de ética ou comissões de revisão internas os vetaram. Um relatório da Reuters descreve vários exemplos: desde o início do ano passado, o Google também bloqueou novos recursos de IA que analisam emoções, temendo insensibilidade cultural, enquanto a Microsoft restringiu um software que imita vozes, e a IBM rejeitou uma solicitação de cliente para um sistema avançado de reconhecimento facial.[6]

Esses exemplos sugerem que o processo de análise ética desses fornecedores está funcionando, pelo menos até certo ponto.

Conteúdo das políticas

Muitas dessas organizações, e um número um pouco menor de outras não tecnológicas, elaboraram declarações de políticas éticas ou responsáveis para a IA. Há um alto grau de consenso nos temas e direcionamentos dessas questões. O Trustworthy AI Framework da Deloitte, que foi criado para ajudar os clientes a desenvolver as próprias políticas, é um bom exemplo de tal estrutura. Ele possui seis elementos principais:

- *Justo e imparcial*. Avalia se os sistemas de IA incluem verificações internas e externas a fim de ajudar a garantir uma aplicação equitativa para todos os participantes.
- *Transparente e explicável*. Ajuda os participantes a entender como seus dados podem ser usados e como os sistemas de inteligência artificial tomam decisões. Algoritmos, atributos e correlações estão abertos à inspeção.
- *Responsável e confiável*. Implementa uma estrutura organizacional e políticas que possam ajudar a determinar claramente quem é responsável pelas decisões do sistema de IA.
- *Seguro e protegido*. Protege os sistemas de inteligência artificial contra riscos potenciais (incluindo riscos cibernéticos) que possam causar danos físicos e digitais.

- *Respeita a privacidade.* Respeita a privacidade dos dados e evita o uso da IA para explorar dados do cliente além do nível pretendido e declarado. Permite que os usuários escolham compartilhar ou não seus dados.
- *Robusto e fiável.* Confirma se os sistemas de inteligência artificial têm a capacidade de aprender com seres humanos e outros sistemas e de produzir resultados consistentes e confiáveis.

A estrutura também possui um núcleo central de conformidade regulatória e governança de IA (figura 5-1).

FIGURA 5-1

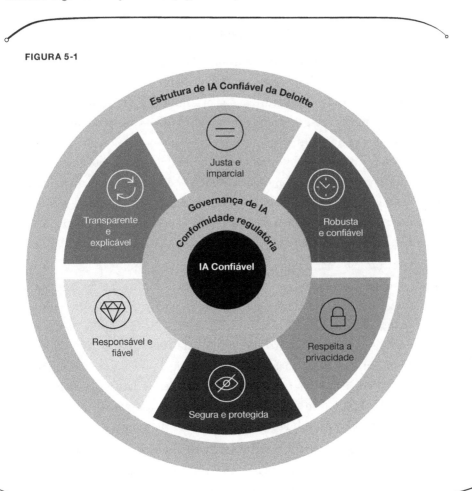

No entanto, até o momento, apenas um número relativamente pequeno de empresas não fornecedoras — mesmo algumas que priorizam a IA — desenvolveram funções éticas dessa ferramenta, de estruturas de políticas e processos de conformidade. Uma delas é a Ping An, que criou uma política de governança ética de inteligência artificial que enfatiza tanto a autonomia humana quanto a centralidade do ser humano em relação a essa tecnologia; a empresa também estabeleceu um comitê de ética de IA, um comitê de supervisão e uma abordagem de gerenciamento de projetos para avaliar os aplicativos de inteligência artificial em conformidade com a política.[7]

Consórcios corporativos e ética em IA

Algumas empresas optam por não (ou não apenas) seguir sozinhas em questões referentes à ética em inteligência artificial, mas, sim, por se juntar a um consórcio de organizações orientadas a pesquisar e desenvolver políticas sobre o tema. Como muitos dos tópicos de ética em IA são semelhantes entre as organizações, um consórcio pode ajudar as empresas a iniciar seu programa de ética, criando modelos para políticas e documentos informativos ou promovendo conferências nas quais as principais questões são abordadas. Embora a maioria dos consórcios seja baseada em associação, muitos de seus documentos de pesquisa e políticas estão disponíveis para não membros.

Existem vários consórcios diferentes que abordam a questão da ética em IA. Um dos primeiros foi o Fórum Econômico Mundial (conhecido por suas conferências anuais em Davos, na Suíça), que, nos últimos anos, abordou muitos aspectos diferentes do tema. Entre seus projetos estão Geração IA: Desenvolvimento de Padrões de Inteligência Artificial para Crianças; Limites Responsáveis para Tecnologias de Reconhecimento Facial e Inteligência Artificial Centrada no Ser Humano para Recursos Humanos. O FEM também compartilhou princípios de ética em inteligência artificial desenvolvidos pelos membros do grupo.

A Partnership on AI, formada em 2016, consiste em fornecedores de IA e de outras tecnologias (incluindo Amazon, Google, Facebook, IBM e Sony), instituições acadêmicas, organizações sem fins lucrativos e algumas poucas empresas não tecnológicas. Sua missão é "reunir vozes diversas em setores, disciplinas e demografias globais para que os desenvolvimentos em inteligência artificial promovam resultados positivos para as pessoas e a sociedade como um todo".[8] Seus funcionários e afiliados redigiram diversos documentos de pesquisa e políticas sobre diferentes aspectos dessa ferramenta, incluindo o viés algorítmico, a diversidade entre desenvolvedores de IA, o papel da documentação na ética do aprendizado de máquina e a desinformação.

O EqualAI é um consórcio criado mais recentemente, com foco especial na "redução dos vieses inconscientes no desenvolvimento e uso de inteligência artificial". Entre as ferramentas que desenvolveu está uma lista de verificação para identificar vieses na IA.[9] Ele também possui o objetivo de identificar soluções regulatórias e legislativas.

A Data and Trust Alliance, estabelecida em 2020, tem uma porcentagem grande de empregadores não tecnológicos entre seus membros. A Deloitte é membro fundador desse consórcio de CEOs focado em práticas responsáveis de dados, que tem como um de seus objetivos declarados "desenvolver novas práticas e ferramentas para promover o uso responsável de dados, algoritmos e IA". O primeiro projeto que ele identificou e começou a abordar se chama Segurança Algorítmica: Mitigar os Vieses nas Decisões da Força de Trabalho.

Embora acreditemos que trabalhar com tais consórcios possa vir a acelerar o processo de identificação de políticas éticas em IA e estruturas de gerenciamento, a personalização deles para organizações específicas e, acima de tudo, sua implementação e governança contínua nas empresas, exigem recursos específicos. Esperamos que muito mais organizações não tecnológicas precisem desenvolver abordagens éticas em inteligência artificial à medida que a tecnologia se torna cada vez mais essencial para seus negócios. É claro que, para uma empresa ser destacada neste livro, a IA deve ser fundamental para os seus negócios — e, portanto, a companhia já deve ter em vigor políticas, governança e funções de liderança a fim de promover a ética em inteligência artificial.

Automação e IA responsável

Já discutimos o surgimento da criação automatizada de modelos de aprendizado de máquina e MLOps para avaliar automaticamente se esses protótipos não estão mais prevendo bem as circunstâncias ("drifting") e se precisam ser retreinados. Mas atualmente, vários fornecedores dessas ferramentas também podem examinar modelos automaticamente para gerar insights que verifiquem diferentes aspectos da confiabilidade dos protótipos. Uma das primeiras organizações a adotar essas abordagens foi a Chatterbox Labs, uma empresa sediada no Reino Unido que oferece recursos de insight automatizados, incluindo relatórios sobre explicabilidade, imparcialidade, privacidade e vulnerabilidades de segurança dos modelos e dados que ela emprega. O AI Institute da Deloitte usa as ferramentas da Chatterbox Labs com seus clientes. Outros fornecedores de AutoML e MLOps, como DataRobot e H2O, também possuem alguns recursos de avaliação de imparcialidade e viés a fim de avaliar os modelos, e há uma caixa de ferramentas de código aberto chamada FairML para gerar insights de modelo semelhantes.

Implementando políticas de ética na Unilever

Claro, é mais fácil redigir declarações de políticas éticas do que implementá-las. A maioria das empresas que criaram essas políticas também estão precisando considerar cuidadosamente a melhor forma de governá-las e aplicá-las. Uma delas é a Unilever, que implementou um conjunto de políticas de fiabilidade de IA em 2022. Essa elaboração foi relativamente direta, e as declarações resultantes referem-se às questões usuais de transparência, viés algorítmico, imparcialidade etc. A eficácia é outro fator desejado, o que explica o foco na fiabilidade, e não apenas na inteligência artificial ética ou responsável. Como afirmou Giles Pavey, que é diretor global de ciência de dados da Unilever e liderou os esforços em favor da fiabilidade: "Para alcançar nossos objetivos comerciais, precisamos fazer mais com menos. A IA é a principal ferramenta nessa jornada, mas deve ser uma inteligência artificial responsável. Precisamos de fiabilidade nessa tecnologia para podermos ultrapassar os limites do que é possível dentro das diretrizes de responsabilidade."

O processo contínuo de implementação da fiabilidade de IA foi mais complexo — em parte porque a Unilever é uma empresa altamente globalizada, com unidades de negócios relativamente autônomas baseadas em vários países, mas também porque ela possui muitos fornecedores externos de aplicativos de TI. Os aplicativos que utilizam inteligência artificial dentro da Unilever podem ser desenvolvidos internamente, sob encomenda por um fornecedor de TI, ou incorporados em serviços que a organização adquire de parceiros. As agências de publicidade da empresa, por exemplo, costumam empregar softwares de compra programática que utilizam IA para decidir quais anúncios digitais colocar na web e em sites para dispositivos móveis.

A ideia básica por trás do processo de conformidade da fiabilidade de inteligência artificial da Unilever é examinar cada novo aplicativo de IA a fim de determinar o tamanho do risco intrínseco do caso de uso. É improvável que um aplicativo para previsão de fluxo de caixa, por exemplo, envolva qualquer risco de imparcialidade ou vieses, mas ele pode apresentar questões de eficácia e riscos relacionados à explicabilidade. A Unilever já possui uma abordagem bem definida para segurança da informação, e o seu objetivo é empregar uma estratégia semelhante para garantir que nenhum aplicativo de IA seja colocado em produção sem antes ser aprovado.

Quando uma nova solução de inteligência artificial está sendo planejada, o funcionário ou fornecedor da Unilever propõe o caso de uso e o método a serem delineados antes de desenvolvê-la. Isso é então revisado internamente, com a avaliação de casos mais complexos por especialistas externos. O proponente do projeto é, assim, informado sobre os potenciais riscos éticos e de eficácia, bem como sobre as mitigações a serem consideradas. Após o desenvolvimento do aplicativo de IA, a Unilever (ou a parte externa) realiza testes estatísticos para verificar se há um problema de vieses ou imparcialidade. Em seguida, pode-se examinar a eficácia do sistema na consecução de seus objetivos. Dependendo de onde o sistema for utilizado dentro da empresa, também pode haver regulamentações locais as quais ele terá que cumprir. Se for considerado arriscado, uma abordagem de mitigação recomendada é comunicada. Por exemplo, se um verificador de currículos usado pelo departamento de RH fosse totalmente automatizado, a análise poderia concluir que o sistema precisa de intervenção humana para tomar as decisões finais sobre a continuidade do processo seletivo para a entrevista dos candidatos. Se houver riscos sérios que não podem ser mitigados, o processo de fiabilidade de inteligência artificial rejeita o aplicativo, alegando que os valores da Unilever proíbem o uso desse programa de IA. As decisões finais sobre os casos de uso dessa tecnologia são tomadas por um conselho executivo sênior que inclui representantes dos departamentos jurídico, de RH e de IA dentro da empresa.

Um exemplo real de como o processo tem funcionado pode ser visto no caso de uma marca de cosméticos que a Unilever vende por meio de concessões em lojas de departamento. A concessionária exigia que os agentes de vendas dos estabelecimentos apresentassem um certo padrão de aparência (por exemplo, usar maquiagem no rosto ou ter um comprimento de barba específico). A Unilever queria um sistema em que os agentes pudessem comprovar sua presença no trabalho enviando uma selfie todos os dias para seu comparecimento ser registrado automaticamente. Um objetivo adicional para esse projeto propunha que a IA de visão computacional dentro do sistema também pudesse detectar se a aparência do agente atendia aos padrões exigidos. Nesse caso, o processo de fiabilidade de inteligência artificial ajudou a equipe do projeto a pensar além da regulamentação, legalidade e eficácia exigidas por tal abordagem, considerando também as possíveis implicações de um sistema totalmente automatizado. Por exemplo: deveria ser permitido que ele — apesar de sua alta precisão já comprovada — penalizasse automaticamente um agente de vendas por descumprimento das normas? Depois de passar por esse processo, ficou claro para a empresa que era preciso assegurar alguma intervenção humana na verificação das fotos sinalizadas como "não conformes" e lidar com qualquer eventual situação que pudesse resultar disso.

Outro exemplo em que a Unilever estuda o uso responsável da IA é na utilização de reconhecimento facial para o acesso às suas fábricas. Algumas questões que a empresa deve levar em consideração incluem garantir que o sistema seja robusto para todos os funcionários, independentemente de sua aparência, e que o banco de dados das coordenadas faciais seja armazenado com segurança. Além disso, é importante assegurar que haja um sistema à prova de falhas que conceda acesso aos funcionários, caso a IA não os reconheça.

A partir desses exemplos, fica claro que haverá muitas questões complexas a serem enfrentadas por qualquer organização com uma política ou orientação ética de IA. Parte do poder dessa ferramenta é a capacidade de lidar com clientes e funcionários de forma detalhada, permitindo que diferentes categorias de pessoas sejam tratadas de maneira diferente. No entanto, o tratamento diferenciado pode facilmente levar a preconceitos ou injustiças. Tanto os ambientes legais e regulatórios em torno da inteligência artificial ética e responsável quanto as políticas das empresas em antecipação ou em resposta a eles provavelmente mudarão com frequência e de forma significativa nos próximos anos. Assim, empresas que adotam a IA, como a Unilever, também terão que abraçar a evolução na compreensão e aplicação do uso responsável dessa tecnologia.

CAPÍTULO 6

Casos de Uso da Indústria

Temos descrito os arquétipos estratégicos de IA de alguns dos principais adotantes da tecnologia, bem como algumas das capacidades construídas por eles para alcançar seus objetivos. Neste capítulo, seremos mais detalhistas ao descrever o que fazem os líderes de inteligência artificial. Vamos nos concentrar nos segmentos da indústria e aprofundar os casos de uso específicos que as empresas impulsionadas por essa ferramenta adotam para liderá-las. Os casos de uso, também conhecidos como aplicações de IA, são a unidade fundamental para descrever o que uma organização faz com essa tecnologia. Muitas das informações de casos de uso neste capítulo são adaptadas do Dossiê de Inteligência Artificial, um documento que os especialistas da Deloitte na área reuniram para descrever a liderança em IA de baixo para cima — caso a caso, setor por setor.[1]

Escolher e priorizar casos de uso está no cerne da estratégia de IA de qualquer empresa. Organizações impulsionadas por essa ferramenta escolhem casos de uso que as diferenciam de suas concorrentes (pelo menos por um tempo), avançam suas estratégias e modelos empresariais e se ajustam aos seus designs de processos de negócios. Este capítulo é como um catálogo de aplicações de inteligência artificial. Nem todos os casos de uso são contemplados para cada indústria — e alguns podem ser aplicados em várias —, mas, ainda assim, esta é a lista mais abrangente de que temos conhecimento.

Alguns dos casos de uso descritos já estão se tornando requisitos básicos para suas respectivas indústrias, e alguns têm estado em evidência há algum tempo de formas menos precisas, baseadas em dados. Para cada indústria, também descreveremos alguns casos que estão surgindo ou que se aplicam apenas a situações específicas. Nosso objetivo geral é descrever o que é necessário para realmente se destacar com IA, bem como detalhar alguns dos casos de uso que foram adotados por organizações focadas em inteligência artificial em cada setor da área.

Indústrias de Consumo

As indústrias de consumo incluem manufatura de bens de consumo, varejo, automotivas, hospedagem, restaurantes, viagens e transporte. Todas atendem aos consumidores (embora algumas tenham intermediários, como no caso das fabricantes com os varejistas) e precisam entender detalhadamente suas preferências e sentimentos, além de enfrentar desafios logísticos complexos relacionados ao desenvolvimento de produtos/serviços e ao contato com o cliente — fatores que a IA pode ajudar a resolver.

Alguns dos casos de uso comumente adotados nesse segmento (seguidos de nossos comentários sobre sua aplicação em negócios habilitados para inteligência artificial) incluem:

- *Otimização da rede de frotas.* A IA (junto a outras formas de analytics, como a pesquisa operacional) pode ser usada para otimizar rotas, eliminar ou reduzir o *backhauling* e maximizar o fluxo nos centros de distribuição. Claro, ela pode ter dificuldades em otimizar as cadeias de suprimentos durante períodos de disrupção, como no caso da pandemia de Covid-19; entretanto, também pode alertar com antecedência empresas atentas sobre problemas na cadeia de suprimentos.
- *Próximo nível de personalização.* A IA é necessária para uma personalização minuciosa — não só no caso de "pessoas que compraram isso também compraram isto", mas também no das previsões

de quem comprará algo ou responderá a um determinado anúncio baseadas em aprendizado de máquina ou no da oferta com base em comportamentos anteriores. Cada vez mais, a personalização também leva em conta a localização dos consumidores, postagens em redes sociais, condição física e comportamentos relacionados à saúde — tudo com a permissão deles, é claro.

- *Otimização de sortimento.* A IA, e, em particular, o aprendizado de máquina, estão no cerne da otimização de sortimento contemporânea. Esses tipos de modelos garantem que os produtos certos estejam disponíveis nas prateleiras, sem falta de estoque, algo que foi particularmente desafiador durante a pandemia de Covid-19. Não obstante, os usuários mais sofisticados de inteligência artificial encontraram maneiras de tornar essa disponibilidade possível.
- *Planejamento de oferta e demanda.* Varejistas focados em IA, por exemplo, planejam oferta e demanda quase continuamente. A Kroger Co., como já analisamos, faz um planejamento nesse sentido para cada unidade de manutenção de estoque (SKU) de cada uma das lojas, todas as noites. Se pressupormos padrões normais de oferta e demanda, o aprendizado de máquina é uma ótima ferramenta de planejamento.
- *Contato automatizado com o cliente.* As empresas líderes também utilizam chatbots ou agentes inteligentes para gerenciar suas interações com os clientes. O DBS Bank, por exemplo, aprimora seu chatbot constantemente para que os clientes não tenham necessidade ou vontade de ligar para a central de atendimento. Para dar outro exemplo, no varejo há pelo menos doze casos de uso específicos, desde a procura de produtos até a coleta de feedback dos clientes.[2]

Casos de uso de IA emergentes ou específicos no segmento de consumo incluem:

- *Estabelecimentos autônomos.* A Amazon é conhecida por suas lojas Amazon Go (também disponíveis nos supermercados da rede Whole Foods), que não possuem caixas de atendimento, mas cujo estoque e limpeza ainda são administrados por seres humanos.[3]

Lojas semiautônomas como essas também existem na Coreia do Sul, a exemplo da emart24 e da Hyundai Uncommon Store.

- *Condução autônoma*. Veículos totalmente autônomos estão demorando mais do que o previsto para chegar, como discutimos no capítulo 3. Mas algumas áreas com cercas geográficas apresentam a possibilidade de uma condução autônoma completa, e dispositivos de segurança automatizados estão se proliferando até mesmo em carros relativamente mais baratos.
- *Fashion tech*. Varejistas de moda estão oferecendo cada vez mais provadores virtuais baseados em IA, bem como recomendações de estilos de acordo com o gosto do cliente. A Stitch Fix, outrora uma startup de estilização online que hoje é uma grande empresa, combina recomendações baseadas em inteligência artificial com as de um estilista pessoal.
- *Saúde, condicionamento físico e bem-estar personalizados*. Descrevemos essas recomendações de saúde comportamental no capítulo 5 em relação às seguradoras, as quais são impulsionadas por dispositivos de consumo como smartwatches e smartphones. Como vimos, elas podem oferecer incentivos personalizados para seus clientes melhorarem comportamentos relacionados à saúde.
- *Modernização da experiência de serviço*. Os serviços de compras e consumo estão sendo cada vez mais transformados por produtos e serviços, recomendações, ofertas, sites e aplicativos móveis, todos personalizados e baseados em inteligência artificial.

IA na cadeia de suprimentos do Walmart

Ainda não abordamos o Walmart neste livro, que pode ser considerado uma das empresas não nativas digitais e voltadas para consumidores, bem como um dos varejistas mais capacitados no uso de IA. Sua cadeia de suprimentos para reposição de lojas físicas é bem conhecida, e ela está progredindo consideravelmente no quesito vendas e entregas online. O Walmart conta com centenas de cientistas de dados trabalhando na cadeia de suprimentos e no planejamento/gerenciamento de demanda, além de colaborar estreitamente com os fornecedores nessas áreas. Ademais, ele possui um conjunto muito sofisticado de algoritmos de "vendedor ambulante" para otimização das rotas de sua frota de caminhões e veículos de entrega, bem como utiliza modelos de "busca tabu" (BT) executados em unidades de processamento gráfico (GPUs) para otimizar os processos da cadeia de suprimentos. A empresa também usa um modelo de IA para determinar a próxima melhor opção disponível quando um cliente faz um pedido online, e o produto selecionado não está disponível.

O Walmart pode ter começado relativamente tarde a automatizar seus armazéns — muitos dos quais foram construídos nas décadas de 1960 e 1970 —, mas está rapidamente adicionando recursos a essa área. Ele anunciou um investimento de US$14 bilhões para redesenhar seus centros de distribuição e empregar novas tecnologias, incluindo IA e robótica. A empresa está trabalhando com a Symbotic, fabricante de robôs criada por ex-executivos da Amazon Robotics, para melhorar a automação de seus armazéns, bem como vem utilizando robôs a fim de carregar caixas de diferentes tamanhos em blocos (que as próprias máquinas descobrem como empilhar) para entrega nas lojas. Em parceria com a unidade Argo AI da Ford, ela passou a circular veículos de entrega autônomos para pedidos online em três cidades dos EUA. Além disso, também experimentou inserir robôs nas lojas a fim de identificar produtos mal posicionados ou em falta, bem como para fazer a limpeza dos pisos.

Os serviços de distribuição e entrega do Walmart já não são apenas uma capacidade interna. A empresa criou o serviço GoLocal para outros varejistas que desejam realizar entregas no mesmo dia ou no dia seguinte. Um de seus primeiros parceiros para esse empreendimento foi a Home Depot. Assim como a UPS e a FedEx, o Walmart está se tornando um importante provedor de serviços de transporte, indo além de suas capacidades enquanto varejista.

Setores de Energia, Recursos e Indústrias

Os segmentos de energia, recursos e indústrias incluem muitas grandes empresas com orçamentos de capital substanciais, mas, por razões variadas, muitas ainda não adotaram fortemente a IA. Essas organizações são, em grande parte, provedores business-to-business (B2B), e às vezes não possuem dados de clientes o suficiente para empregar uma série de modelos de aprendizado de máquina. Muitas organizações industriais utilizam aplicativos de inteligência artificial, mas pode ser difícil integrá-los a máquinas ou fábricas em grande escala. No entanto, apesar dos obstáculos, as principais empresas desses setores estão fazendo avanços consideráveis em alguns casos de uso de IA.

Exemplos relativamente comuns para esse segmento incluem:

- *Manutenção preditiva de ativos.* Este foi um dos primeiros casos de uso de IA nas empresas industriais e ainda é o mais popular. Ele prevê a necessidade de manutenções com base em sensores que indicam os primeiros sinais de falha ou as condições que poderiam levar a ela. Empresas impulsionadas por inteligência artificial, como a Shell, fazem isso em grande escala — ela já monitora 10 mil peças de maquinário em busca de sinais de problemas e está caminhando para monitorar ainda mais.

- *Edge AI para produção e planejamento.* As empresas estão cada vez mais colocando sensores nas bordas de suas redes e usando IA para analisar os dados provenientes deles. Esses mecanismos podem detectar ou medir fluxo, temperatura, produtos químicos na atmosfera, sons ou imagens. A Shell está usando drones autônomos para monitorar a condição de seus dutos por meio de reconhecimento de imagem — uma forma de Edge AI (ou IA na borda) e manutenção preditiva. Ela também está usando dinâmica de fluidos computacional baseada em aprendizado de máquina para planejar parques eólicos e otimizar sua produção depois de construídos. A empresa de energia dinamarquesa Ørsted também faz uso extensivo de dados e IA para otimizar a produção de energia de suas mais de 1.500 turbinas eólicas.[4]

- *Análise de dados de sensores de campo.* A principal indústria a fazer uso de sensores de campo é a energética, que os utiliza extensivamente na exploração de petróleo e gás. Aqueles presentes em brocas, por exemplo, monitoram o calor e a intensidade da vibração, além de poder prever quebras iminentes. Imagens de brocas tiradas com telefones celulares podem ser examinadas com modelos de aprendizado profundo a fim de avaliar o desgaste e a composição do solo subterrâneo. Em turbinas eólicas, os sensores podem fornecer dados para que sistemas de IA otimizem os ângulos das pás e a velocidade de rotação.

- *Força de trabalho e segurança no campo.* A inteligência artificial pode ser usada para mitigar o risco de certos trabalhos considerados perigosos. Na Southern California Edison, por exemplo, um modelo preditivo atribui a cada projeto de manutenção ou instalação em campo uma pontuação à probabilidade de riscos de segurança, e as equipes de campo discutem como diminuir o perigo no caso de projetos com pontuações altas. O modelo é integrado ao sistema de ordens de serviço da empresa.
- *Previsão de falhas em serviços de utilidade.* As empresas de energia elétrica podem usar modelos de aprendizado de máquina para gerar pontuações de risco de interrupção para ativos e circuitos da rede elétrica em uma região de serviço, com o objetivo de reduzir o tempo de interrupção para o cliente. Os riscos avaliados podem incluir incêndios, condições climáticas, interferência animal e vegetação. O foco da Southern California Edison são os incêndios florestais, e ela utiliza análises de reconhecimento de imagem a partir de filmagens de drones, bem como modelos de aprendizado de máquina mais abrangentes, para prever o risco de incêndios e desligar os circuitos antes que eles ocorram.

Alguns casos de uso de IA emergentes ou específicos para tal segmento incluem:

- *Informática de materiais.* Pesquisadores universitários e industriais estão começando a usar inteligência artificial para entender como novas combinações de produtos químicos e compostos podem criar materiais de alto desempenho.
- *Planejamento algorítmico da cadeia de suprimentos.* A otimização da cadeia de suprimentos geralmente se baseia na continuação de tendências existentes na oferta e demanda, mas a IA está começando a ser usada para prever possíveis disrupções nas cadeias de suprimentos, incluindo pandemias, instabilidade política e gargalos logísticos no transporte.

- *Fábrica de gêmeos digitais.* Gêmeos digitais são réplicas virtuais de máquinas e até mesmo de fábricas inteiras que são continuamente atualizadas com dados. A IA detecta anomalias e soluciona avarias nos equipamentos. Trata-se de uma abordagem mais completa e detalhada para a manutenção preditiva de ativos.
- *Assistente virtual para operação de plantas.* Os trabalhadores e supervisores de chão de fábrica normalmente percorrem os andares para intervir nas máquinas, mas muitas de suas tarefas em breve serão substituídas por sistemas de IA que realizam ajustes automatizados. Dispositivos de realidade aumentada (que também usam inteligência artificial) trabalharão em conjunto com aplicativos de aprendizado de máquina. A Airbus já está usando softwares de IA para esse fim em sua joint venture Harbin Hafai Airbus, na China.

Qualidades habilitadas por IA na Seagate

Um exemplo de fabricante de alta tecnologia é a Seagate Technologies, a maior fabricante de discos rígidos do mundo. Ela possui quantidades vastas de dados de sensores em suas fábricas e vem utilizando-os extensivamente nos últimos cinco anos para garantir e melhorar a qualidade e a eficiência de seus processos de fabricação.

Um dos principais focos da analytics de manufatura da Seagate tem sido a automação da inspeção visual de wafers de silício, a partir dos quais são feitas as cabeças dos discos rígidos, e das ferramentas para fabricá-los. Várias imagens de microscópio são capturadas em diferentes conjuntos de ferramentas durante a fabricação dos wafers, e essas capturas desempenham um papel fundamental na detecção de falhas e no monitoramento da integridade dos conjuntos de ferramentas. A fábrica da Seagate em Minnesota utilizou os dados fornecidos por essas imagens a fim de criar um sistema automatizado de detecção e classificação de falhas partindo diretamente das imagens. Outros modelos de classificação de imagens detectam microscópios eletrônicos fora de foco nas ferramentas, assegurando que quaisquer defeitos sejam reais, e não imagens desfocadas.[5]

Com base em algoritmos de reconhecimento de imagens de aprendizado profundo, esses modelos de classificação automática de defeitos foram implantados pela primeira vez no final de 2017, e desde então a escala e o poder da análise de imagens cresceram consideravelmente nas fábricas de wafers da empresa nos EUA e na Irlanda do Norte, resultando em economias de vários milhões de dólares em mão de obra de inspeção e prevenção de resíduos. Embora a empresa tenha conseguido reduzir o número de inspeções manuais usando esses sistemas, o objetivo não era apenas liberar mão de obra para outros tipos de trabalho, mas também tornar os processos de fabricação mais eficientes. A precisão da inspeção visual estava em torno de 50% há alguns anos, mas agora excede 90%.

A Seagate também trabalhou com o Google Cloud, um cliente importante que utiliza milhões de discos rígidos, para antecipar possíveis falhas em grandes data centers. O modelo resultante foi bem-sucedido, e os engenheiros agora têm uma janela de tempo maior para identificar discos falhos. Isso não apenas permite reduzir custos, mas também prevenir problemas antes que esses afetem os usuários finais.[6]

Setor de Serviços Financeiros

Os serviços financeiros — incluindo bancos, seguros, gestão de investimentos e comércio — têm sido o setor mais ativo no uso da IA. É uma área rica em informações, na qual decisões rápidas e precisas são essenciais para o sucesso, e os clientes precisam de quantidades significativas de consultoria para levar vidas financeiras mais bem-sucedidas. As organizações de serviços financeiros também costumam ter recursos econômicos para investir em inteligência artificial. Não surpreende, portanto, que a maior parte das organizações que priorizam essa ferramenta descritas neste livro estejam nesse setor, se compararmos a qualquer outra área da indústria.

Alguns casos de uso específicos que já são populares em serviços financeiros incluem:

- *Analytics jurídica e de conformidade.* Os bancos necessitam de um controle efetivo de fraudes para seus fins financeiros, mas também são obrigados a se envolver em ações de "conheça seu cliente" (KYC) e de combate à lavagem de dinheiro para fins regulatórios. A IA — na forma de sistemas de regras de decisão — tem sido usada no setor há muitos anos para redução de fraudes, mas esses recursos, que tendiam a criar muitos alertas de falsos positivos, agora são complementados por outros de aprendizado de máquina. O DBS Bank, por exemplo, adicionou essa tecnologia aos seus recursos de vigilância de transações, o que permitiu classificar aquelas suspeitas em termos de sua probabilidade de exigir alguma investigação. O novo sistema melhorou em um terço a produtividade dos analistas na revisão de casos positivos, além de lhes permitir utilizar mais dados. Os casos menos arriscados são colocados em hibernação e não são revisados, a menos que o cliente apresente outras atividades suspeitas.

- *IA conversacional.* Chatbots ou agentes inteligentes habilitados por inteligência artificial são, é claro, cada vez mais comuns no setor bancário. Mas eles não são particularmente interessantes se só permitirem que o cliente verifique seu saldo; por isso, os bancos estão adicionando progressivamente outros recursos mais sofisticados aos seus sistemas de IA conversacional. Erica, o chatbot do Bank of America, cresceu para mais de 20 milhões de usuários em menos de 3 anos de operação. Além de funcionalidades básicas como verificação de saldo, o programa indica anomalias de gastos, oferece conselhos de economia para metas de longo prazo estabelecidas pelo cliente e consegue processar mais de 60 mil frases e perguntas relacionadas à Covid-19. O chatbot também foi se tornando mais comunicativo e pessoal ao longo do tempo.

- *Experiência do cliente em 360°.* Os bancos estão usando IA e outras ferramentas digitais para entender e melhorar a experiência do consumidor. Muitos já utilizaram a análise da jornada do cliente para saber como é a experiência real para eles, e os modelos de aprendizado de máquina preveem quando uma experiência difícil é suscetível de aliená-los ou afastá-los. Modelos de aprendizado não supervisionado podem identificar segmentos novos ou com cobertura insuficiente usando análise de clusters. Os sistemas de próxima melhor ação, como aquele que descrevemos no caso do

Morgan Stanley, utilizam aprendizado de máquina para identificar os produtos ou serviços financeiros com maior probabilidade de serem valorizados pelos consumidores. Bancos ou seguradoras com pouco conhecimento de seus clientes não têm mais como usar a falta de tecnologia como desculpa.

- *Subscrição de seguros.* A subscrição de seguros há muito se baseia em mecanismos de regras, mas as empresas líderes estão combinando ou substituindo-as por aplicativos de aprendizado de máquina que podem tomar decisões de subscrição mais precisas e orientadas por dados. Essa tendência está ocorrendo, por exemplo, nos seguros de propriedades comerciais e residenciais, que utilizam o reconhecimento de imagens baseado em IA para analisar a condição dos telhados ou das árvores próximas. Ela também se aplica a seguros de automóveis, permitindo que os motoristas tirem fotos de seus veículos antes de serem segurados (e depois de um acidente para adjudicação e pagamento de sinistros sem intervenção, como descreveremos no próximo capítulo), e a seguros de vida, pois essas empresas tentam evitar exames médicos onerosos e inconvenientes antes de emitirem apólices. A Haven Life, por exemplo, uma unidade da seguradora MassMutual, tem uma abordagem de subscrição digital que permite que metade de todas as solicitações não exijam revisão humana; 20% das solicitações aceitas não precisam de exame médico.[7]
- *Seguro baseado no uso.* Conforme discutimos no capítulo 5, a cobrança de taxas diferenciadas de seguro com base em como os clientes dirigem seus automóveis foi introduzida pela Progressive Insurance em 2008. Hoje em dia, tanto startups quanto organizações estabelecidas utilizam essa tecnologia, que requer IA a fim de analisar todos os dados e determinar recomendações para comportamentos de condução, bem como implicações para subscrição.
- *Automação de operações comerciais.* Muitas operações financeiras já são processadas e liberadas diretamente, sem intervenção humana; no entanto, há muitas operações falhas que requerem esse tipo de intervenção. A IA está diminuindo essas ocorrências e ajudando a resolver aquelas que precisam de investigação adicional. Ela pode prever operações mais passíveis de erro e exigir mais

dados antes de isso ocorrer, extrair informações de documentos comerciais que podem resolver operações falhas ou problemáticas, bem como detectar padrões e anomalias em dados comerciais que podem ser muito úteis para os comerciantes.

- *Detecção de fraudes ao consumidor.* A detecção de fraudes em bancos e seguradoras é uma das principais áreas de casos de uso, com a IA desempenhando um papel central. As empresas de cartão de crédito, por exemplo, tentam identificar fraudes antes que as transações sejam aprovadas no ponto de venda. Avaliar uma transação como fraudulenta requer tanto aprendizado de máquina quanto uma integração próxima com sistemas transacionais.
- *Analytics para risco de crédito.* O uso de IA para determinar se um cliente deve receber crédito é uma das primeiras aplicações das redes neurais, que remetem às inovações de Robert Hecht-Nielsen em modelagem e aplicação de redes neurais em meados da década de 1980. Atualmente, muitas formas diferentes de aprendizado de máquina são utilizadas para esse fim.

Também existem casos de uso emergentes ou específicos que algumas empresas de serviços financeiros ao redor do mundo vêm utilizando:

- *Pagamentos digitais biométricos.* O uso de reconhecimento facial para verificar a identidade do cliente para pagamentos, empréstimos e apólices de seguros já é amplamente utilizado na China, inclusive na Ping An.
- *Estimativa e previsão de preços imobiliários.* A maioria dos proprietários de imóveis já verificou as Zestimates oferecidas pela Zillow, que nada mais são do que previsões do valor de seus imóveis baseadas em aprendizado de máquina. Atualmente, vários outros sites imobiliários possuem recursos semelhantes, e as seguradoras têm versões próprias para avaliar o valor dos imóveis antes de segurá-los. No entanto, o recente encerramento do negócio da Zillow de compra e venda de imóveis sugere que os algoritmos de estimativa de preços podem ter dificuldades em mercados altamente variáveis.

Casos de uso de IA na Capital One

Uma das organizações de serviços financeiros alimentadas por IA que ainda não discutimos é a Capital One, a terceira maior emissora de cartões de crédito nos Estados Unidos em termos de saldos. O banco, com seu credo de "estratégia baseada em informações", foi analítico desde sua fundação como empresa separada em 1994. Ao longo da última década, ele também se tornou uma potência em aprendizado de máquina, com casos de uso que abrangem várias funções bancárias para consumidores. Descreveremos a jornada da Capital One de analytics até a IA no próximo capítulo.

O banco se destacou por muitos anos em um ponto central: prevendo se um cliente pagaria empréstimos de cartão de crédito. Além disso, ele usa aprendizado de máquina para fazer muitos outros tipos de previsões:

- Diagnóstico de falhas em aplicativos de telefone celular;
- Identificação de transações suspeitas para possível lavagem de dinheiro;
- Reconhecimento de transações fraudulentas com cartão de crédito e redução de falsos positivos para alertas de fraude;
- Identificação de sessões bancárias digitais fraudulentas;
- Criação de números de cartões virtuais para comerciantes individuais que realizam transações com frequência;
- Previsão da intenção do cliente em sessões online;
- Antecipação da possibilidade de um cliente ligar para o call center e do problema com o qual precisará de ajuda.

A Capital One também possui um chatbot competente chamado Eno, que pode realizar diversas transações bancárias e fornecer informações aos clientes sobre seus hábitos de consumo, se assim o desejarem. A empresa também está tentando expandir a fronteira das decisões de crédito, usando modelos de aprendizado profundo e trabalhando para torná-los mais explicáveis e aceitáveis para os reguladores. Como veremos no próximo capítulo, a Capital One está aplicando a IA em muitas áreas diferentes por todo o banco.

Indústrias Governamentais e de Serviços Públicos

Nos EUA, as organizações governamentais e de serviços públicos tiveram um início lento na adoção da IA, pelo menos fora dos setores militar e de inteligência. Entretanto, existem muitos casos de uso no setor, e algumas organizações estão começando a adotá-los.

Alguns casos de uso bem estabelecidos nessa indústria incluem:

- *Automatização de back-office no processamento de indenizações.* As organizações governamentais geralmente pagam indenizações a indivíduos ou organizações, e a IA pode ajudar nisso em vários aspectos. A automação de processos robóticos é uma das capacidades mais fortes de inteligência artificial do governo federal dos EUA, com uma grande comunidade de prática em cinquenta agências diferentes e muitos projetos em produção. O aprendizado de máquina pode ajudar no pagamento de indenizações, identificando as mais importantes ou mais fáceis de pagar para gerar um pagamento antecipado.

- *Suporte ao risco populacional.* Essa abordagem baseada em IA para identificar cidadãos em risco — de apresentar problemas de saúde física e mental, falta de moradia ou insegurança alimentar — é uma maneira de antecipar problemas sociais antes que aconteçam. Ela se encontra mais avançada na área da saúde. No Reino Unido, por exemplo, os médicos são informados quando pacientes idosos obtêm pontuações altas em um Índice de Fragilidade Eletrônico baseado em aprendizado de máquina, e essas pessoas recebem cuidados extras.

- *Ciência de dados biomédicos.* A interseção entre a biologia e o aprendizado de máquina está em plena expansão, há pesquisadores tentando relacionar doenças e tratamentos eficazes à genômica, proteômica, entre outras disciplinas. Por exemplo, o Broad Institute, organização de pesquisa afiliada a Harvard e ao MIT, está criando um centro de US$250 milhões dedicado a vincular biologia e aprendizado de máquina. No âmbito governamental, os Institutos Nacionais de Saúde (NIH) dos EUA têm vários progra-

mas em andamento para promover o uso da IA em pesquisas de saúde básicas e aplicadas.
- *Administração de benefícios.* Tanto no setor público quanto no privado, as organizações estão usando cada vez mais a inteligência artificial para decidir quais auxílios oferecer a cidadãos e funcionários. Na Dinamarca, por exemplo, os benefícios públicos (incluindo pensões, salário-família, subsídio de desemprego, entre outros tipos de assistência social) são concedidos em parte com base em algoritmos que determinam quem os recebe. Em muitas empresas do setor privado, as organizações de RH estão tentando adotar a perspectiva de "força de trabalho individual", utilizando as mesmas abordagens para determinar os benefícios dos funcionários que as empresas usam para personalizar ofertas para os clientes.
- *Previsões de saúde e meio ambiente.* O sucesso que a Blue Dot, uma startup canadense de IA, teve em reconhecer o início e a disseminação da pandemia de Covid-19, tornou muitos epidemiologistas cientes das possibilidades de se prever a disseminação de doenças antes que elas saiam do controle. A inteligência artificial também está sendo usada pelos governos para prever erupções vulcânicas, enchentes, avalanches e outros desastres naturais.
- *Análise de videovigilância.* Muitos governos ao redor do mundo estão fazendo uso de reconhecimento de vídeos e imagens baseados em IA para aplicações de segurança pública. A proliferação de câmeras de vigilância por vídeo levou a uma necessidade premente de analisar suas imagens de forma automática — não apenas para solucionar crimes do passado, mas também para antecipá-los e prevenir que aconteçam.

Algumas aplicações emergentes ou específicas de IA no setor governamental e de serviços públicos incluem:

- *Simulações baseadas em agentes para estratégias militares.* É possível que as guerras do futuro sejam travadas e vencidas com base em capacidades de IA. No presente, uma aplicação importante dessa tecnologia é simular batalhas com agentes inteligentes.

Essas simulações baseadas em agentes geralmente produzem jogos de guerra mais precisos e proveitosos, pois modelam os comportamentos de muitos dos envolvidos e podem simular comportamentos emergentes. Vários governos também estão explorando o uso de inteligência artificial para o controle autônomo de armamentos. Isso pode incluir o uso de drones e veículos autônomos, bem como de robôs sentinelas e plataformas de reconhecimento (aéreas ou terrestres).

- *Gestão de ativos e infraestruturas civis.* Manter a infraestrutura de uma cidade ou estado funcionando de forma eficaz é algo cada vez mais complexo para seres humanos fazerem por conta própria. Organizações públicas como a Land Transport Agency, de Singapura, estão usando dados de sensores e IA para monitorar e prever interrupções nos serviços de transporte público e recomendar as melhores alternativas para a recuperação dos serviços.[8]
- *Previsões de resultados jurídicos.* Uma aplicação valiosa, porém controversa, da inteligência artificial está na esfera judicial, em que as decisões de juízes e júris podem ser previstas (geralmente pela parte de advogados, o que pode acelerar os acordos) e complementadas por IA. O uso mais conhecido dessa tecnologia por parte de juízes são as recomendações de sentenças algorítmicas, algumas das quais têm sido associadas a vieses e falta de transparência.[9]
- *Aprendizagem adaptativa no ensino.* Instituições de ensino, especialmente aquelas com muitos conteúdos educativos online, podem utilizar ferramentas de aprendizagem adaptativa baseadas em IA para monitorar o desempenho dos alunos e sua memorização dos conteúdos. Os estudantes podem receber materiais apropriados ao seu nível de escolaridade com base em seu aprendizado. É um meio de personalizar o processo de aprendizagem, algo que os instrutores humanos podem considerar difícil ou impossível de fazer em grande escala.

IA no Governo dos EUA

O governo dos EUA, apesar de um início lento na área, tem se destacado nos últimos anos tanto no uso civil quanto militar da tecnologia. Um estudo encomendado pela Conferência Administrativa dos Estados Unidos descobriu que, em fevereiro de 2020, quase metade das agências federais (45%) haviam experimentado com IA e ferramentas de aprendizado de máquina relacionadas. O Decreto Executivo 13.859, "Mantendo a Liderança Americana em Inteligência Artificial" (em tradução livre), acompanhou o estudo e exigiu que as agências federais criassem inventários de casos de uso de IA à disposição do público. Eis alguns deles:

- A NASA lançou projetos-piloto de RPA nas áreas de contas a pagar e receber, gastos com TI e recursos humanos. Por meio do projeto, 86% das transações de RH foram concluídas sem intervenção humana.[10]
- A Administração Oceânica e Atmosférica Nacional (NOAA) implementou uma estratégia de inteligência artificial para "expandir a aplicação de [IA] em todas as áreas de missão da NOAA, melhorando a eficiência, eficácia e coordenação do desenvolvimento e uso de inteligência artificial em toda a agência."[11]
- A Administração da Seguridade Social utilizou IA e aprendizado de máquina em suas atividades de adjudicação para abordar desafios de alta carga de trabalho e garantir precisão e consistência nas tomadas de decisão.[12]
- O Departamento dos Assuntos de Veteranos (VA) criou um Instituto Nacional de Inteligência Artificial para desenvolver recursos de pesquisa e desenvolvimento dessa tecnologia dentro do Departamento. No início da crise de Covid-19, o VA também implementou chatbots de IA para tirar dúvidas e ajudar a determinar a gravidade dos casos confirmados, além de possíveis locais para internação de pacientes.[13]
- O Instituto Nacional de Justiça apoiou pesquisas em IA para combate ao crime, ajudando os investigadores a classificarem os dados que "poderiam ser usados para combater tráfico hu-

mano, cruzamentos ilegais de fronteira, tráfico de drogas e pornografia infantil".[14]

- O Laboratório de Segurança de Transporte (TSL) do Departamento de Segurança Interna está explorando ativamente maneiras de incorporar IA e aprendizado de máquina ao processo de triagem de segurança do TSA (Administração para a Segurança dos Transportes) para melhorar o escaneamento de passageiros e malas. O TSL está desenvolvendo novas ferramentas, métodos e procedimentos a fim de testar e treinar algoritmos de forma eficaz e eficiente antes de serem comercializados e, por fim, reduzir as taxas de alarmes falsos.[15]

- O Departamento da Receita Federal está usando IA para testar quais combinações de notificações e contatos formais são mais propensas a fazer com que um contribuinte devedor envie um cheque.[16]

Em termos de uso militar, estimou-se que o Departamento de Defesa (DoD) gastaria US$874 milhões em IA no ano fiscal de 2022 (que começou em outubro desse mesmo ano).[17] São cerca de 600 iniciativas de inteligência artificial por parte do Pentágono nesse ano — quase o dobro em relação ao ano fiscal de 2021. O Joint AI Center foi criado em 2018 no DoD para acelerar a adoção e integração dessa tecnologia pelo departamento, visando alcançar o impacto da missão em escala. Por meio dos programas do Joint AI Center, o DoD está alavancando aplicativos de inteligência artificial para apoiar os militares com inovações na área da saúde, transformar o caráter da guerra, melhorar sistemas de prontidão da frota e apoiar melhorias nos processos. O governo dos EUA, é claro, também gasta somas consideráveis em IA para fins de inteligência, embora tanto esses gastos quanto os casos de uso específicos sejam confidenciais.

IA no Governo de Singapura

Singapura, apesar de pequeno, é um país que costuma ser pioneiro na adoção de novas tecnologias para o governo e o serviço público, e a IA não é exceção. A cidade-estado está usando essa ferramenta em diversas agências e domínios do serviço público, incluindo a já citada Land Transport Agency. Outros de seus casos de uso relacionados à IA incluem um sistema para preenchimento de declarações fiscais complexas; robôs móveis para vigilância policial e de reservatórios de água; monitoramento automatizado de temperaturas por smartphone para detectar infecções por Covid-19; carros e táxis autônomos nas ruas e um conjunto de sistemas para diagnósticos e tratamentos na área da saúde.

Em 2017, o governo financiou o AI Singapore, "um programa nacional de Inteligência Artificial a fim de catalisar, sinergizar e impulsionar as capacidades de IA de Singapura para alimentar nossa futura economia digital".[18] Esse programa trabalha com instituições de pesquisa, empresas e agências governamentais para acelerar o desenvolvimento e a implantação dessa ferramenta. Ele criou e financiou centros de pesquisa em segurança cibernética, biologia sintética, ciências marinhas e vários outros programas de pesquisa orientados por inteligência artificial por meio da National Research Foundation. Com base nos resultados positivos, o governo financiou o programa por um período subsequente de cinco anos e aumentou significativamente outros financiamentos voltados para IA. Além disso, fundou cinco centros de pesquisa de excelência em universidades.

Singapura também se destaca por ter estabelecido um marco ético para as empresas de serviços financeiros que operam no país. O Veritas Consortium, como foi chamado, é liderado pela Autoridade Monetária de Singapura e está desenvolvendo casos de uso (incluindo programas de código aberto) para permitir que as empresas avaliem a equidade de suas ofertas. Ele já concluiu casos de uso em pontuação de risco de crédito, bem como em marketing de clientes, e planeja muitos outros.[19]

Muitos governos, incluindo o estadunidense e o chinês, já perceberam que a IA será fundamental para suas operações futuras. Mas Singapura foi um dos primeiros países a entrar nesse jogo e, considerando o seu tamanho, dedicou recursos consideráveis para ser um líder nessa tecnologia, além de ser um dos primeiros a adotar casos de uso de IA no âmbito governamental.

As Indústrias de Ciências da Vida e Cuidados de Saúde

As empresas de ciências da vida e saúde estão à beira de uma transformação dramática impulsionada por IA. No entanto, ainda não chegaram lá. As grandes farmacêuticas utilizam inteligência artificial em pequena escala, mas ainda não resolveram como desenvolver e testar medicamentos *in silico*, ou seja, por meio de modelagem computacional. Existem várias startups promissoras que priorizam a IA no desenvolvimento de medicamentos, mas elas ainda não fizeram grandes avanços. Na área da saúde, há anúncios diários de avanços nas capacidades dessa ferramenta no diagnóstico ou prevenção de doenças, mas poucos chegaram de fato à prática clínica. Não obstante, há muitos casos de uso em ciências da vida e de saúde (mais do que em qualquer outro setor da indústria presente em nossas análises); eis alguns que estão rapidamente se popularizando:

- *Fluxo de dados digitais para ensaios clínicos.* A automação dos processos de ensaios clínicos pode proporcionar tanto valor econômico para o mercado quanto maior velocidade de lançamento de novos compostos medicamentosos. A maioria dos ensaios é realizada através de plataformas digitais, o que possibilita análises baseadas em IA e automação das fases principais. As empresas farmacêuticas, muitas vezes em parceria com organizações de pesquisa contratadas, estão evoluindo na forma como os ensaios são realizados. Neles, os braços de controle sintéticos baseados em inteligência artificial permitem que os indivíduos não inscritos sirvam como controles, o que, por sua vez, permite que mais participantes recebam a terapia experimental. A IA também pode ajudar a integrar e conciliar dados de ensaios, acelerando o processo.

- *Inteligência na fabricação de medicamentos.* Os processos de fabricação farmacêutica estão se tornando cada vez mais digitais e automatizados, o que permite o uso da inteligência artificial para monitorar possíveis anomalias e prever seus resultados. Essa ferramenta pode identificar a degradação do processo e suas implicações na qualidade do produto, monitorar discrepâncias nas propriedades do material e analisar as condições ambientais — tudo com base nos dados dos sensores. Gêmeos digitais de máquinas

específicas e (mais cedo ou mais tarde) de fábricas inteiras podem ser criados para fins de manutenção preditiva de ativos e detecção de anomalias.
- *Engajamento omnichannel para marketing de medicamentos.* As equipes de vendas farmacêuticas estão superando as abordagens obsoletas de marketing para profissionais de saúde e também os marketings televisivos direcionados a pacientes. Consumidores e profissionais digitais experientes esperam interações omnichannel personalizadas, nas quais a IA orquestra quais conteúdos são entregues por meio de quais canais isso ocorrerá. Essas tarefas de marketing se tornaram muito complexas para dependerem apenas de profissionais de marketing humanos.
- *Insights provenientes da "Voz do paciente".* No passado, os clientes de ciências da saúde e da vida eram, em sua maioria, anônimos; mas, atualmente, os pacientes comentam sobre suas jornadas e experiências em redes sociais e fóruns comunitários, a exemplo do Patients Like Me. A IA pode ser usada, então, para monitorar as emoções deles e os tópicos de discussão em contextos online, o que pode levar a experiências mais positivas para os pacientes.
- *Risco e conformidade proativos.* A *farmacovigilância* está se tornando cada vez mais complexa, estando a exigência da comprovação de conformidade regulatória presente em vários estágios do desenvolvimento e das práticas de marketing de um medicamento. A IA pode auxiliar no quesito conformidade, identificando problemas levantados pela população em geral e pelas comunidades de profissionais de saúde, bem como monitorando feeds de notícias. Além disso, ela pode ser usada para auxiliar no monitoramento pós-comercialização de medicamentos por meio da identificação de efeitos colaterais e resultados negativos revelados em conjuntos de dados de evidências reais.
- *Engajamento de pacientes.* A falta de envolvimento com os tratamentos clínicos e a falta de adesão à medicação por parte dos pacientes são os principais problemas para os provedores e pagadores de serviços de saúde. Conforme discutimos nos capítulos 5 e discutiremos no capítulo 7, existem "incentivos" comportamentais

que podem ser fornecidos para aumentar o engajamento e a adesão, especialmente quando são personalizados para o indivíduo. Essas próximas melhores ações em cuidados de saúde, assim como as versões de oferta ao consumidor, requerem IA.

- *Otimização e eficiência do ciclo de receitas de cuidados médicos.* Tanto os prestadores de cuidados de saúde como seus pagadores estão buscando criar processos mais eficientes e eficazes para pagar pela assistência médica e cada vez mais estão automatizando autorizações de tratamento e verificações de pagamento. O aprendizado de máquina também pode ser usado para estimar com precisão as contas dos pacientes antes dos tratamentos, tal como é exigido por lei nos Estados Unidos.

- *Diagnósticos assistidos por computador.* Os diagnósticos de algumas doenças baseados em IA e as recomendações de tratamento automatizadas não são novidade e já estavam presentes até certo ponto em sistemas de suporte a decisões clínicas fundamentados por em regras. O aprendizado de máquina, no entanto, está começando a tornar os diagnósticos e os próprios tratamentos muito mais precisos e baseados em dados. O reconhecimento de imagens com base em aprendizado profundo, em particular, provou ser tão bom ou até melhor do que os radiologistas humanos na detecção de problemas médicos em imagens. Algumas dessas abordagens foram aprovadas pelos órgãos reguladores, mas a maioria ainda se encontra em laboratório, e não está em vias de ser aplicada clinicamente. Todavia, há muitas outras abordagens por vir, e podemos esperar uma integração muito maior delas com os processos clínicos.

- *Medicina de precisão e saúde personalizada.* O aprendizado de máquina também é a chave para a medicina de precisão — recomendação de tratamentos personalizados para doenças com base no perfil genético do paciente, dados metabólicos importantes, entre outros fatores. A medicina de precisão já é uma realidade para pacientes com câncer, estando o perfil genético de seus tumores e estratégias de tratamento específicas para genes já disponíveis. Alguns recursos de IA vêm sendo utilizados para recomendar medicamentos específicos e ensaios clínicos com base na genética.

Embora seja uma longa jornada, esperamos que muitas outras abordagens de medicina de precisão estejam disponíveis em breve.
- *Gestão hospitalar.* Hospitais modernos são coleções dispendiosas de instalações, equipamentos e profissionais talentosos, e a IA já está desempenhando um papel importante na otimização de sua alocação. Salas de emergência, equipamentos de imagem radiológica e cirurgiões são alguns exemplos de recursos escassos que a inteligência artificial já ajudou a programar de forma mais eficiente. Parece provável que essa otimização acabe se estendendo a toda a gama de opções de saúde nos sistemas de saúde, incluindo clínicas locais, centros de reabilitação e atendimento domiciliar.

Há também uma variedade de casos de uso de IA que ainda se encontram majoritariamente em laboratórios de pesquisa ou em uso clínico restrito. Eles incluem:

- *Descoberta de biomarcadores.* Os biomarcadores são substâncias detectáveis que indicam a presença de uma doença ou condição médica. Encontrá-los é algo como procurar uma agulha no palheiro, mas, em muitos domínios médicos, incluindo o oncológico, há dados volumosos que podem revelar potenciais biomarcadores. Assim, o aprendizado de máquina permite que os pesquisadores encontrem aqueles individuais e combinados com muito mais rapidez e facilidade. Novos algoritmos de IA que preveem padrões de dobramento de proteínas provavelmente serão usados para gerar novos tipos de biomarcadores.
- *Biologia sintética.* A criação de novos organismos, dispositivos ou medicamentos tem sido um processo demorado, mas é provável que a inteligência artificial o acelere drasticamente. Novos algoritmos podem prever como mudanças no DNA ou na bioquímica de uma célula afetarão seu comportamento. Esses modelos preditivos provavelmente acelerarão não apenas as pesquisas na área da saúde, mas também produtos de consumo como a carne artificial.
- *Laboratórios virtualizados de descoberta de medicamentos.* O aprendizado de máquina ajuda as empresas farmacêuticas a desenvolverem modelos digitais de novos compostos e previsões de

atuação em moléculas-alvo específicas. Quando combinado à simulação 3D, é possível acelerar drasticamente o tempo de desenvolvimento de medicamentos ao elaborar compostos simulados que podem ser testados e validados posteriormente em animais e seres humanos.

- *Cadeias de suprimentos médicos autocorretivas.* Suprimentos hospitalares e médicos estão sujeitos às mesmas incertezas que outros produtos, embora as consequências de atrasos nas suas entregas e sua falta de estoque possam ser muito mais graves. Modelos de aprendizado de máquina podem prever melhor as demandas e permitir um rápido replanejamento diante de eventos inesperados.

- *Profissionais de saúde digitais.* Empresas de saúde estão oferecendo uma ampla variedade de serviços inteligentes de assistência médica para ajudar e ampliar as atividades dos médicos humanos. Especialmente na China, sistemas inteligentes de telemedicina como o Good Doctor, da Ping An, fornecem suporte recomendado e assistência nos diagnósticos, além de estratégias de tratamento e recomendações de medicamentos para os médicos. Embora ainda não estejam bem estabelecidos nos Estados Unidos, esses serviços de telemedicina inteligente provavelmente são o futuro da rotina de cuidados com a saúde.

- *Modelos comportamentais preditivos para ensaios clínicos.* Um problema para as empresas que conduzem ensaios clínicos é que até 30% dos participantes os abandonam antes que sejam concluídos. Isso aumenta as despesas, complica as análises e pode levar a um viés de atrito. As organizações de ciências da vida estão começando a usar modelos de aprendizado de máquina para prever a probabilidade de um participante do estudo concluí-lo e inscrevendo apenas aqueles com maior probabilidade de fazê-lo.

- *Patologia digital.* Até agora, a patologia tem estado bem atrás da radiologia na adoção de análises das suas imagens baseadas em IA. Muitos patologistas ainda preferem microscópios, e a área carece de um padrão de dados comum para capturar e transmitir imagens. Mas essa situação está começando a mudar, e existem vários provedores de reconhecimento de imagem baseados em aprendizado profundo para imagens de células patológicas. Eles ainda não foram aprovados pela FDA para análises sem revisão humana, mas são úteis na pré-classificação de imagens e priorização de fluxos de trabalho.

- *Monitoramento dos sinais vitais do paciente.* Smartwatches que monitoram atividades físicas têm sido bastante comuns, mas também estão monitorando cada vez mais outros dados clinicamente relevantes que vão desde batimentos cardíacos até níveis de oxigênio no sangue e sinais de eletrocardiograma. Alguns dos dados desses dispositivos podem ser transmitidos a prontuários eletrônicos para um monitoramento de longo prazo, e esses smartwatches podem até mesmo alertar um clínico sobre um problema médico mais grave automaticamente.

- *Conformidade à medicação e monitoramento remoto do paciente.* A adesão aos medicamentos prescritos é um problema relevante em todo o sistema de saúde, mas especialmente no caso dos ensaios clínicos. O "armário de remédios eletrônico" ainda não é uma realidade, mas alguns ensaios clínicos estão utilizando o reconhecimento de imagens em fotos de smartphones para mostrar se o paciente está tomando ou não os medicamentos (ou placebos) na frequência prescrita.

- *Aprimoramento de imagens de diagnóstico em radiologia.* O reconhecimento de imagem baseado em aprendizado profundo está sendo cada vez mais bem-sucedido em laboratórios de pesquisa, mas ainda não foi amplamente adotado na prática clínica. Uma maneira de aumentar sua adoção é aprimorar as imagens para que as áreas problemáticas sejam destacadas pelo sistema, ou a fim de apontar características que não são facilmente visíveis a olho nu. Os pesquisadores também estão trabalhando para aumentar a reprodutibilidade do reconhecimento de imagens entre instituições médicas e ambientes clínicos.

IA na Cleveland Clinic

Do nosso ponto de vista, organizações estabelecidas impulsionadas por IA nos setores de saúde e ciências biológicas ainda não existem. Há muitas startups que são claramente impulsionadas por essa ferramenta, e vários grandes provedores de saúde e empresas farmacêuticas que fazem uso ativo dessa tecnologia. Mas não achamos que eles tenham chegado ao ponto de utilizá-la para transformar significativamente seus negócios. Por essa razão, descreveremos algumas organizações mais agressivas e os respectivos casos de uso que adotaram.

No setor de saúde, algumas das empresas conhecidas por proporcionar um atendimento inovador e de alta qualidade também estão desenvolvendo casos de uso de inteligência artificial inovadores e de alta qualidade. A Cleveland Clinic, por exemplo, está com "IA pipocando por toda parte", de acordo com seu diretor executivo de gerenciamento de informações corporativas e analytics, Chris Donovan. Seu grupo está tentando facilitar os esforços de desenvolvimento e implementação dessa ferramenta de baixo para cima, ao mesmo tempo em que fornece abordagens de governança. Até o momento, os trabalhos têm sido conduzidos por uma comunidade interorganizacional de práticas ancorada nos departamentos de análise empresarial, TI e ética.

O principal benefício da maioria dos casos de uso é operacional — isto é, uma tomada de decisões mais rápida e precisa. Por exemplo, a Cleveland Clinic está em processo de implementar um escore de risco pré-operatório para anestesia. Ela já usava há muitos anos um escore baseado em regras, enquanto o atual tem como base o aprendizado de máquina, sendo mais automatizado e preciso. O hospital também usa dados do sistema de planejamento de recursos empresariais para finanças, assim como modelos de aprendizado de máquina para obter uma estimativa melhor dos riscos financeiros. Em diversas funções administrativas, a empresa está criando mais prognósticos, modelos preditivos e simulações com o aprendizado de máquina.

Na área de saúde populacional, a clínica construiu um modelo preditivo que ajuda a priorizar o uso dos recursos de gestão de cuidados. Eles são escassos, e a priorização de seus casos é fundamental para prestar cuidados aos pacientes mais necessitados. O escore de risco preditivo é agora o método principal para determinar quem recebe uma ligação de acompanhamento. Um paciente diabético com dificuldades no manejo da doença, por exemplo, teria um escore de risco alto. A clínica também criou outro modelo para identificar pacientes com maior probabilidade de contrair uma doença, apesar de não terem histórico ou apresentarem sintomas. O modelo é usado para tentar evitar a doença em pacientes com escores altos, agendando-os para triagem ou cuidados preventivos.

Existe ainda outro modelo preditivo para identificar pacientes com determinantes sociais de saúde problemáticas; trata-se de um grupo que pode precisar tanto de um assistente social quanto de um profissional de saúde, ou de um passe de ônibus para poder ir às consultas. Donovan disse que os escores do modelo são feitos fora do sistema de registro eletrônico de saúde (EHR) do hospital, mas que espera que possam ser incorporados a ele. Até o momento, os modelos preditivos no sistema EHR não costumavam funcionar muito bem, em parte porque não são treinados com os dados da própria clínica.

Um número elevado de aplicações na Cleveland Clinic envolve análises baseadas em aprendizado profundo de imagens médicas. Os radiologistas do Instituto de Imagens da clínica estão experimentando a identificação automatizada de cânceres e fraturas ósseas, por exemplo, e os neurologistas estão usando a tecnologia para ajudar a identificar a origem de crises epilépticas. O objetivo atual dos modelos de IA é auxiliar os médicos a identificar problemas nas imagens, e não a atuar de forma independente. Em outro projeto de imagiologia médica, a empresa também anunciou recentemente uma parceria com a Path AI, que visa digitalizar e aproveitar sua coleção de lâminas de patologia para impulsionar pesquisas translacionais e diagnósticos clínicos orientados por inteligência artificial em diversos tipos de doenças.

Donovan acredita que há um tremendo potencial para aplicar IA na Cleveland Clinic, mas o maior desafio são os dados. Disse que as outras indústrias os têm em quantidade muito maior, e é mais provável que eles sejam limpos e bem estruturados. Como ocorre com outros hospitais, o diretor executivo reportou que os dados da clínica têm problemas qualitativos, sendo coletados de forma inadequada, inseridos de diversas maneiras e envolvendo diferentes definições em toda a instituição. Mesmo uma métrica comum como a pressão arterial pode ser medida enquanto o paciente está de pé, sentado ou deitado — geralmente com resultados diferentes —, e ainda assim os dados são registrados de maneiras diferentes. O conhecimento das estruturas de dados é necessário para empregar a leitura apropriada. Como resultado, a preparação deles agora faz parte de cada projeto de IA, e o grupo de Donovan está trabalhando para fornecer conjuntos de dados úteis para projetos de inteligência artificial como um serviço comum.

Por fim, Donovan apontou que a Cleveland Clinic também está dedicando um tempo significativo para compreender as considerações éticas relacionadas a essas tecnologias. Ele espera que tais deliberações sejam essenciais para sua implementação em larga escala na tomada de decisões clínicas.

IA em algumas grandes empresas farmacêuticas

As empresas farmacêuticas ou de ciências da vida que estão tentando redesenhar o desenvolvimento de medicamentos com inteligência artificial são, em sua maioria, startups. O tempo dirá se elas terão sucesso em aprimorar esse processo dispendioso e demorado. Várias grandes organizações farmacêuticas estão trabalhando diligentemente na aplicação de IA em seus negócios e empregando uma ampla variedade de casos de uso, mas muitos de seus projetos não estão totalmente centrados no processo de descoberta de medicamentos. Em outras palavras, elas podem não ser totalmente impulsionadas por inteligência artificial, mas estão tentando garantir isso para o futuro.

A Pfizer, por exemplo, se destaca em vendas e marketing, e muitos de seus aplicativos de IA apoiam essas funções. Vários de seus casos de uso envolvem identificar os tipos de médicos mais propensos a ajudar pacientes com medicamentos prescritos da empresa ou informar os médicos sobre o uso apropriado de determinados produtos. A unidade de negócios australiana da Pfizer está usando uma plataforma de inteligência artificial para simular o impacto de estratégias alternativas de vendas e marketing. A IA também permite que a organização personalize a comunicação com os pacientes que estão participando de ensaios clínicos. A empresa está lançando as bases para um uso mais agressivo dessa ferramenta na descoberta e desenvolvimento de medicamentos, criando uma nuvem de dados científicos e utilizando-a para criar algoritmos que melhoram a previsão de compostos. Ela também utilizou métodos de inteligência artificial para acelerar os ensaios clínicos usados na sua vacina recordista contra a Covid-19, comercializada em parceria com a BioNtech, e está treinando funcionários em métodos de IA em uma série de bootcamps.

A Novartis é bastante aberta ao discutir suas iniciativas de inteligência artificial. Seu AI Innovation Lab, em parceria com a Microsoft, está abordando casos de uso como o design inteligente de moléculas eficazes e eficientes, a personalização de vírus que transformam as células T do corpo em agentes de combate ao câncer e a dosagem de precisão para tratamentos de degeneração macular relacionada à idade. A empresa, além de usar IA a fim de extrair conclusões de dados reais visando sugerir oportunidades de pesquisa e desenvolvimento, está desenvolvendo um modelo de aprendizado profundo para acelerar a detecção da hanseníase por meio da análise de imagens de lesões cutâneas.

A AstraZeneca possui uma série de casos de uso tanto no descobrimento de medicamentos quanto em atividades comerciais. No primeiro caso, seu foco é utilizar grandes conjuntos de dados para prever e classificar quais moléculas podem ter impacto nos alvos das doenças. Eles estão acelerando drasticamente o processo de desenvolvimento de medicamentos com essa abordagem. A próxima etapa é sintetizar as moléculas em laboratório, e ferramentas como a previsão de dobramento de proteínas estão possibilitando a aceleração desse processo. Patologistas estão usando a IA para acelerar a análise de tecidos e células em até 30%, enquanto as tecnologias de automação — tanto robôs físicos quanto automatização de processos — ajudam a acelerar os ciclos repetidos de geração, análise e teste de novos compostos. A empresa também está usando dados federados de prontuários eletrônicos de saúde para agilizar os ensaios clínicos.

Por fim, a AstraZeneca também está aplicando IA de maneira eficaz pelo lado comercial. Durante a pandemia de Covid-19, por exemplo, ela usou aprendizado de máquina e processamento de linguagem natural a fim de personalizar a comunicação digital com os médicos — que era a única forma de interação na época. A organização também possui um modelo de inteligência artificial para avaliar conversas de coaching entre gerentes de vendas e vendedores.

A Eli Lilly, por sua vez, utiliza a IA para o desenvolvimento de ensaios clínicos. A Design Hub Analytics Initiative (DHAI) da empresa transforma esse processo com uma plataforma tecnológica inovadora que mescla fontes de dados integradas, analytics avançada, inteligência artificial, automação e melhorias na experiência do usuário a fim de analisar projetos de ensaios alternativos. O aprendizado de máquina é usado para capturar e processar a experiência de testes da Lilly e outras fontes de dados de modo a orientar a construção dos protocolos e as opções de entrega, tais como seleção de país e de pesquisador. A DHAI já está reduzindo os prazos em até 20%, permitindo que a Lilly entregue medicamentos ao mercado com muito mais rapidez.

Uma vez que inovações dramáticas no desenvolvimento de medicamentos costumam ser encontradas em startups menores as quais acabam sendo adquiridas por grandes farmacêuticas, parece provável que o mesmo padrão se repita com a IA. Muitos dos principais players do setor farmacêutico (incluindo os que mencionamos aqui) já têm parcerias de desenvolvimento com essas startups. E, se a Exscientia, a Insilico Medicine, a Berg Health, a Benevolent AI e várias outras startups focadas em IA conseguirem melhorar drasticamente a velocidade e a eficácia do desenvolvimento de medicamentos, não há dúvidas de que essa prática se difundirá entre as grandes organizações.

Indústrias de Tecnologia, Mídia e Telecomunicações

As indústrias relacionadas à tecnologia, às quais os profissionais da Deloitte frequentemente se referem como TMT, compreendem alguns dos negócios mais digitais e impulsionados por IA em qualquer setor. Seus produtos e serviços deixam um rastro de dados — uso de produtos, localização, nível de interesse e atenção — que podem ser facilmente analisados com inteligência artificial. A indústria de telecomunicações, por exemplo, foi pioneira no uso da mineração de dados e, posteriormente, do aprendizado de máquina para prever a rotatividade ou perda de clientes. No entanto, o setor de tecnologia também é o que mais preocupa os consumidores e legisladores em relação à privacidade de dados, segmentação do consumidor e capitalismo de vigilância. Como as empresas de TMT lidarão com essas questões nos próximos anos e como equilibrarão isso com o potencial da IA irá definir o tom para muitas outras indústrias.

Alguns casos de uso comuns para adotantes dessa ferramenta incluem:

- *Fábricas inteligentes e redes de suprimentos digitais.* A IA está sendo cada vez mais aplicada à manufatura na indústria que possibilita seu desenvolvimento, isto é, à produção de semicondutores e computadores. Casos de uso comum incluem previsão de demanda e de níveis de estoque, programação de equipamentos, automação de design de chips e identificação de defeitos de design, otimização de rendimento e identificação de defeitos (como no exemplo da Seagate que discutimos anteriormente, a qual é uma empresa tanto de manufatura quanto de tecnologia).
- *Engajamento direto do consumidor.* As indústrias de tecnologia estão entre os principais usuários de marketing e vendas orientados para a inteligência artificial. A Cisco Systems, por exemplo, desenvolveu dezenas de milhares de modelos de propensão de venda baseados em aprendizado de máquina que levam em consideração a probabilidade de clientes individuais comprarem determinados produtos, ainda que se trate de uma empresa B2B.[20] As organizações de tecnologia também monitoram cuidadosamente os leads, dando-lhes prioridade com o aprendizado de máquina e geralmente utilizando sistemas de processamento de linguagem natural para cultivar leads de baixo valor ou baixa probabilidade.
- *Contact center digital.* Muitas indústrias estão utilizando chatbots e agentes inteligentes hoje em dia, mas, entre as mais ativas nesse sentido, estão aquelas com orientação tecnológica. Na área de tecnologia, especificamente, agentes digitais baseados em processamento de linguagem natural são usados para tarefas administrativas que envolvem despesas e agendamentos. No entanto, devido à complexidade dos produtos e serviços tecnológicos, essa

indústria é líder no uso de IA para suporte ao cliente. Tais casos de uso não apenas podem responder a perguntas típicas dos consumidores referentes a problemas de suporte ao produto, mas também analisar chamadas de suporte ao vivo endereçadas ao sentimento e à necessidade de escalonamento dos clientes.

- *Monetização de dados dos clientes.* Muitas indústrias voltadas para o consumidor estão investigando diversas formas de monetização de dados, mas, como as TMT possuem uma abundância de dados, são elas que lideram nesse quesito. Os exemplos mais comuns incluem a monetização da atenção dos usuários de mídias sociais ou a de buscas para os anunciantes, bem como a monetização de locais conhecidos por provedores de telecomunicações móveis por meio da venda de outdoors ou de oportunidades de marketing para ofertas em localizações específicas. Por se tratar de um tema delicado para os consumidores, ele pode estar sujeito a regulamentações adicionais no futuro.
- *Otimização do resfriamento de data centers e instalações.* Os data centers das empresas de tecnologia consomem grandes quantidades de energia elétrica. O DeepMind, da Alphabet, foi o primeiro a desenvolver algoritmos que reduzem consistentemente os custos de energia para o resfriamento desses locais em 40%. Já a Siemens, em parceria com uma startup chamada Vigilent, desenvolveu uma abordagem algorítmica mais ampla para otimizar o resfriamento de suas instalações, a qual também está sendo usada para data centers.[21]

Alguns dos casos de uso menos comuns na indústria atualmente — mas que provavelmente crescerão em uso à medida que a IA continuar a amadurecer — são:

- *Detecção de conteúdos de mídia falsa.* Os deepfakes, ou ainda conteúdos de áudio e vídeo artificialmente construídos e não representativos da realidade, ainda estão em seus estágios iniciais, no entanto, muitos avaliadores estão preocupados com a possibilidade de eles se tornarem uma das principais fontes de desinformação no futuro. A criação de deepfakes precisa da IA, mas, ao mesmo tempo, é ela que pode identificá-los. O resultado dessa corrida armamentista ainda não está definido, todavia pelo menos existem soluções possíveis para o problema.

- *Redes autocorretivas.* As empresas de telecomunicações dependem inteiramente da saúde de suas redes, e a IA está possibilitando a previsão, restauração e prevenção de interrupções nelas. Assim como os casos de uso de manutenção preditiva de ativos identificam anomalias e preveem falhas em uma máquina, os aplicativos de inteligência artificial identificam problemas e possíveis questões nas redes, podendo solucioná-los antes que ocorram. No mínimo, eles informam aos clientes quando é possível que seus serviços sejam restaurados. A Verizon, por exemplo, utilizou IA para prever e prevenir duzentos eventos de rede em 2017 que poderiam ter afetado seus clientes, muitos dos quais foram corrigidos antes mesmo de acontecerem.[22]
- *Serviços de tradução de idiomas.* Muitos consumidores agora estão cientes, quando viajam para países ou regiões com um idioma diferente do seu, da capacidade dos aplicativos de smartphone baseados em IA de fornecer serviços básicos de tradução. Funcionalidades semelhantes são usadas para traduzir e-mails e páginas da web. Documentos comerciais importantes, no entanto, geralmente são traduzidos por humanos em colaboração com softwares de tradução assistida por computador (CAT), que normalmente apresentam uma proposta de tradução (na maioria dos casos, linha por linha) a um tradutor humano, que pode então aceitá-la, rejeitá-la, ou modificá-la. As ferramentas de CAT aceleram significativamente a produtividade dos tradutores humanos.[23]
- *Análise de conteúdo de vídeos.* Materiais de vídeo estão sendo produzidos em uma escala impressionante por seres humanos, câmeras de segurança, drones, automóveis e várias outras fontes. No entanto, não há uma quantidade suficiente de pessoas disponíveis para visualizar e analisar todo esse conteúdo. É aí que entra a inteligência artificial, que pode analisar vídeos para diversos propósitos de detecção, incluindo movimentos e/ou objetos, fogo ou fumaça, reconhecimento facial, identificação de números e muito

mais. Combinada com a geração de linguagem natural, ela pode até narrar uma história sobre aquilo que observa.

- *Mineração de áudio e vídeo.* Assim como nas análises de conteúdos de vídeo, o conteúdo na forma de áudio ou vídeo pode ser extraído e transformado em dados estruturados analisáveis. A IA pode capturar muitas informações nesse conteúdo, incluindo tópicos ou comportamentos-chave, sentimentos e indivíduos envolvidos. As tecnologias associadas a essa ferramenta podem incluir processamento de linguagem natural, visão computacional, reconhecimento de voz e aprendizado profundo para facilitar cada um desses objetivos.

- *Detecção de emoções.* As emoções humanas podem ser detectadas com um grau crescente de precisão por meio de modelos de aprendizado profundo. Suas finalidades vão desde detectar respostas a anúncios até identificar raiva nos rostos de motoristas no trânsito, ou perceber o medo ou a ansiedade de viajantes em aeroportos. No entanto, os críticos apontam que, sozinho, o reconhecimento facial não é um guia confiável para as emoções humanas, e que outros fatores fisiológicos podem precisar ser avaliados ao mesmo tempo para melhorar a precisão.[24]

- *Criação e gerenciamento de metaversos.* Muitas empresas estão começando a buscar a ideia de um metaverso — um ambiente virtual imersivo que abrange entretenimentos, jogos, educação e simulação. A IA desempenhará um papel importante nesse sentido, incluindo a construção automatizada de imagens visuais, vídeos e linguagens; determinação de identidades; previsão de ações e movimentos, entre outros componentes. A Meta, empresa anteriormente conhecida como Facebook, já descreveu alguns dos muitos papéis que a inteligência artificial desempenhará no metaverso.[25]

IA na Walt Disney Company

A história contemporânea de IA e analytics na Walt Disney Company, a gigante de mídias e entretenimento avaliada em US$67 bilhões, começou em 1995 na unidade comercial de Parques e Resorts. Os executivos notaram que as companhias aéreas haviam conseguido aumentar suas margens com o gerenciamento de rendimentos, bem como a precificação dinâmica dos assentos baseado na oferta e demanda, e pensaram que talvez a mesma abordagem pudesse ser aplicada à precificação de quartos de hotéis. Mark Shafer, que havia trabalhado no gerenciamento de receitas da People Express e da Continental Airlines, veio para a Disney para liderar um grupo originalmente focado nesse caso de uso.

A contratação de Shafer levou a uma mudança radical na unidade de Parques e Resorts e, por fim, em praticamente todas as outras unidades de negócios da Disney. Seu grupo de gerenciamento de receitas e lucros atualmente compreende mais de 250 "membros do elenco", 50 dos quais possuem doutorado. O grupo é o centro de analytics e IA com foco comercial da empresa e melhorou substancialmente a lucratividade de hotéis, parques, espetáculos da Broadway, livros, bem como outros de seus ativos. Atualmente, o grupo trabalha em todos os setores da empresa, e o aprendizado de máquina é uma das suas principais ferramentas.

A IA da Disney também é cada vez mais aparente para os clientes de seus parques. Recentemente, a empresa lançou o Genie, um assistente de planejamento de férias em tempo real baseado em inteligência artificial que recomenda atrações com base nas preferências das famílias. Já o serviço de gerenciamento de filas baseado em aplicativo funciona em conjunto com o Disney Magic Band, que fornece dados em tempo real sobre a localização dos clientes nos parques. O objetivo é minimizar filas longas e maximizar a experiência dos visitantes.[26]

Em seu ramo cinematográfico, a Disney estabeleceu uma capacidade de pesquisa chamada StudioLAB para explorar o uso de IA e outras tecnologias visando melhorar o conteúdo dos filmes. Isso funcionou, por exemplo, na utilidade de exibições testes por meio de uma ferramenta de inteligência artificial que monitora as emoções do público. A Disney trabalhou em parceria com o California Institute for Technology para colocar câmeras em uma sala de cinema e monitorar cada rosto da plateia com sistemas de aprendizado profundo. Além de fornecer mais dados, isso também fornece uma noção mais precisa da experiência do público com o filme.[27]

O StudioLAB também criou algoritmos para revisar cada pixel de um determinado quadro de um filme a fim de garantir sua qualidade, de forma que os analistas humanos só precisam olhar para pixels selecionados. Já outros algoritmos pintam automaticamente os pixels para criar uma imagem consistente. O objetivo é permitir que o pessoal criativo da empresa se concentre em suas respectivas atividades, em vez de em detalhes tediosos.

Em todas essas indústrias intensivas em tecnologia, a IA está sendo aplicada em uma variedade de casos de uso. Os adotantes mais agressivos que perfilamos estão fazendo mais com a ferramenta em seus estágios iniciais do que muitos de seus concorrentes. Temos fortes expectativas de que essa ênfase eventualmente se reflita em melhorias no desempenho operacional e financeiro dessas organizações já bem-sucedidas.

Observe que muitos dos casos de uso que descrevemos aqui podem ser aplicados a várias indústrias. A Disney, como vimos, adaptou abordagens de precificação da indústria aérea a seus espaços de entretenimento. Embora as possibilidades dos casos de uso em todas esses setores possam impressionar alguns executivos, é importante considerá-los e, em seguida, adotar um grande número deles para realmente transformar uma organização. Cada caso de uso individual pode ser combinado com outros em áreas semelhantes — atendimento ao cliente, por exemplo — de modo a gerar um impacto ainda maior. Dado o número de aplicações possíveis de IA, é particularmente importante que os executivos seniores elaborem estratégias e priorizem os casos de uso com maior probabilidade de afetar seus negócios, bem como avancem essas estratégias.

CAPÍTULO 7

Tornando-se Impulsionado por IA

Se você lidera uma organização tradicional ou trabalha em uma, pode achar que se transformar por meio da IA está além das capacidades da sua empresa. Você pode não ser um gigante do varejo como a Kroger Co. e a Loblaw, que tem décadas de dados de ponto de venda e fidelidade; uma fabricante enorme de aeronaves como a Airbus, que gera e analisa enormes quantidades de dados de sensores; ou um grande banco como o DBS, que tem uma longa história de impulsionar seus negócios por meio da tecnologia. Pode achar que seria impossível encontrar o talento e os recursos necessários para investir completamente em IA.

Mas não se desespere. Isso se aplica a muitas organizações que, por alguma razão, não fizeram uso extensivo de tecnologia, dados e IA no passado. Estamos apenas no início da transformação das empresas por meio da inteligência artificial, e aquelas que descrevemos neste livro são as pioneiras desse processo.

A boa notícia é que nenhuma organização era movida a IA há cerca de uma década, e, no caso daquelas que o são hoje, é possível descrever suas trajetórias. Nenhuma característica sobre-humana ou sobrenatural foi necessária para estabelecer uma adoção agressiva dessa tecnologia. Em suma, essas empresas perceberam que precisariam de muito mais IA no futuro, trouxeram pessoas que foram encarregadas de criar esse futuro, reuniram os dados, talentos e investimentos monetários necessários e agiram o mais rápido possível para criar novas capacidades de inteligência artificial. Cada uma chegou ao seu destino — ou, pelo menos, está se aproximando dele — por caminhos diferentes, mas os passos fundamentais foram os mesmos.

Neste capítulo, descreveremos quatro caminhos para você se tornar impulsionado por IA por meio de quatro exemplos:

- A Deloitte, que está se transformando de uma empresa de serviços profissionais exclusivamente orientada para pessoas a uma empresa habilitada por seres humanos inteligentes trabalhando ao lado de máquinas inteligentes;
- A CCC Information Solutions, que começou como uma provedora de informações até fazer a transição para uma empresa impulsionada por IA na área de facilitação de reparos automotivos após colisões;
- A Capital One, empresa de serviços financeiros que foi uma das primeiras a adotar analytics e, depois, a IA de forma extensiva;
- E, bem, a única startup que perfilamos no livro, a qual está criando uma capacidade baseada em IA para influenciar comportamentos de saúde a partir do zero.

Essas não são, de forma alguma, as únicas opções para você se tornar habilitado por IA, mas devem trazer algumas ideias para qualquer organização interessada em embarcar nessa jornada.

Deloitte: De Organização Impulsionada por Pessoas a Organização Impulsionada por Pessoas e IA

Estamos particularmente interessados em contar a história da Deloitte porque já trabalhamos nela — Nitin como codiretor dos negócios de IA da Deloitte US, e Tom como consultor sênior da Deloitte por mais de uma década. A empresa também caracteriza um ótimo exemplo de mudança de ênfase — do foco quase exclusivo no uso de profissionais humanos para realizar tarefas (a partir de 1845, quando a Deloitte & Co. foi fundada em Londres) para um compromisso em ser impulsionada por IA e empregar uma mistura colaborativa de seres humanos e máquinas. A empresa ainda não concluiu totalmente sua transição para organização impulsionada por inteligência artificial, e dificilmente abrirá mão de seus colaboradores humanos, que totalizam quase 350 mil funcionários ao redor do mundo. No entanto, ela está bem encaminhada para fazer do uso extensivo de IA uma marca registrada de seus serviços profissionais para os clientes. Esta é uma mudança de ênfase significativa. Jason Girzadas, Diretor Geral de Negócios, Serviços Globais e Estratégicos da empresa, acreditava firmemente que a organização precisava se transformar para desempenhar um papel de liderança em uma economia mais inteligente e vem incentivando essa transformação. Vimos em muitos outros casos que tornar-se impulsionado por IA requer visão, paixão e energia por parte de um executivo sênior, e Girzadas desempenha esse papel ao mobilizar os stakeholders necessários para apoiar o investimento, a missão e a jornada da empresa.

A IA é um dos vários investimentos prioritários conhecidos como oportunidades estratégicas de crescimento (SGOs) e considerados geradores de impacto nas grandes economias em que operam. Girzadas tem, assim, a responsabilidade geral de integrar as capacidades de inteligência artificial (e outros investimentos prioritários) aos negócios da empresa.

A iniciativa estratégica de IA, coliderada por Nitin, tem um horizonte de cinco anos (2021-2026). O plano especifica como cada negócio pode tirar proveito da IA e, em seguida, construir uma comunidade; criar relacionamentos go-to-market (GTM) com colaboradores tais como Nvidia, Amazon Web Services e Google; desenvolver novas áreas de atuação e investir a longo prazo. Há um foco conjunto na habilitação de recursos e processos internos com inteligência artificial, bem como na criação de novas ofertas para os clientes. Girzadas comentou: "Nossa iniciativa de IA está enraizada na crença de que isso pode transformar nossa estrutura de custos, bem como nosso conjunto de capacidades. É mais uma agenda de transformação do que um objetivo de desenvolver capacidades básicas que todos na indústria terão. A maioria dos clientes de ponta está nessa jornada, então precisamos estar na linha de frente para enfrentar desafios novos e complexos com a inteligência artificial."

Girzadas acredita que, embora a Deloitte ainda não seja totalmente impulsionada por essa ferramenta, "fizemos aquilo que considero a parte mais difícil: criar mobilização e foco em IA por toda a Deloitte". Mas há ainda, segundo ele, trabalho a ser feito em cada um dos negócios, bem como em processos de infraestrutura, como gestão de talentos e finanças. A iniciativa dessa tecnologia também inclui capital para aquisições substanciais de startups de inteligência artificial, bem como novas ofertas de serviços em áreas focadas na integridade de programas governamentais e na assistência a clientes na criação e gestão de fábricas inteligentes.

Essa transformação é incomum não apenas pela magnitude da mudança no modelo de negócios, mas também pela forma como está sendo adotada. A Deloitte, assim como cada uma das outras empresas globais de serviços profissionais que constituem as "Big 4", é composta por uma grande rede de organizações globais associadas. Em sua maior parte, cada associada atua em um único país, e suas estruturas e práticas respeitam o ambiente regulatório dele. Cada uma delas também atua em um conjunto semelhante de áreas, incluindo serviços tributários, de auditoria, consultoria e assessoria. A maioria das iniciativas da Deloitte ocorre no âmbito das organizações associadas, mas a mudança em direção à IA é global. As equipes de inovação nas áreas supracitadas têm trabalhado para criar soluções que possam ser usadas em todo o mundo — embora algumas possam exigir modificações ou configurações que atendam às regulamentações locais.

Também houve colaboração entre as áreas de negócios — reunir dados de clientes em um formato comum a fim de analisá-los pode ser desafiador tanto para as práticas de auditoria quanto para as tributárias, por exemplo, e elas colaboraram na criação de ferramentas com esse fim. No âmbito da consultoria, criou-se um conjunto de serviços e profissionais de IA para clientes chamado AI Foundry, e alguns deles operam com as práticas de auditoria e garantia. A qualificação dos funcionários em métodos e ferramentas de inteligência artificial é uma prioridade para a Deloitte, donde sua iniciativa estratégica de IA ter levado à criação da AI Academy em 2021, que ensina a respeito dessa tecnologia no contexto dos processos e estratégias de negócios dos clientes e acabou se tornando uma geradora de talentos em inteligência artificial no mercado.

IA em auditoria e garantia

As práticas de auditoria e garantia da Deloitte vêm trabalhando na incorporação de capacidades de inteligência artificial há mais tempo do que as outras unidades de negócios da empresa.[1] Isso começou em 2014, no desenvolvimento dessa tecnologia em um grupo, liderado por Jon Raphael, de inovação e prestação de serviços aos clientes. A plataforma global de IA, chamada Omnia, será utilizada (com customização local) para dar suporte ao negócio de auditoria em empresas associadas ao redor do mundo. Trata-se de um conjunto de ferramentas e métodos que automatiza algumas transações dessa área, prioriza revisões por parte de auditores humanos e gera insights para os clientes sobre seus negócios e riscos. A plataforma estará sempre evoluindo, mas já possibilitou grandes progressos para que a inteligência artificial desempenhasse tarefas importantes nas auditorias externas realizadas pela Deloitte & Touche LLP. Desde o início, a prática adotou uma abordagem de ponta que inclui o monitoramento de novas startups de tecnologia ao redor do mundo. Alguns recursos foram desenvolvidos sobretudo internamente, enquanto outros foram, em grande parte, adquiridos de fornecedores externos. A Kira Systems, por exemplo, é uma startup sediada no Canadá que oferece software para extrair termos de contrato de documentos legais. Esse é um recurso muito útil no processo de revisão de documentos dentro das auditorias. Historicamente, os auditores precisavam ler muitos contratos para extrair os termos-chave, mas agora a tecnologia de processamento de linguagem natural da Kira identifica e extrai dos contratos as principais cláusulas. A Omnia funciona como espinha dorsal para muitos casos de uso diferentes desenvolvidos tanto interna quanto externamente, e é fácil adicionar novas ferramentas à plataforma.

A Omnia, a despeito de ter sido testada pela primeira vez com um cliente nos EUA, foi um programa global desde o início. Os desenvolvedores utilizaram uma abordagem ágil com pilotos e aprendizado rápido, tendo como princípio a uniformização. Às vezes, no entanto, modificações locais se fazem necessárias em determinados países. Existem diferenças importantes entre os Estados, incluindo nas áreas de privacidade de dados, processos e padrões de auditoria, leis e abordagens para riscos e tomadas de decisão empresariais. Alguns, por exemplo, exigem o armazenamento de dados de auditoria e de outros tipos da empresa dentro de seus limites. A Omnia também é flexível em sua capacidade de oferecer suporte a auditorias para clientes públicos de grande porte e clientes privados de pequeno porte.

Uma parte fundamental da auditoria de uma empresa envolve a obtenção de seus principais dados financeiros e operacionais em um formato que possa ser facilmente analisado. As organizações, é claro, diferem em suas estruturas de dados; por isso, extrair aqueles relevantes para uma plataforma de auditoria pode ser trabalhoso. A Deloitte, no entanto, desenvolveu o sistema Cortex a fim de extrair automaticamente os lançamentos contábeis e outros dados necessários dos sistemas transacionais dos clientes e disponibilizá-los para análise. Raphael afirma que desenvolver um modelo de dados comum que funcionasse para todos os clientes foi uma das partes mais difíceis da jornada da plataforma e que se arrepende um pouco por não ter começado antes. O progresso foi acelerado quando contrataram um diretor executivo de dados em 2018.

Os sistemas da Omnia têm vários recursos. Um deles, chamado Signal, analisa dados financeiros disponíveis publicamente para identificar potenciais fatores de risco nos negócios dos clientes. Outro, chamado Cortex, realiza análises em tempo real de conjuntos de dados de lançamentos contábeis a fim de identificar padrões relevantes para contabilidade, operações e controles. Já o Reveal utiliza análise preditiva para identificar áreas de interesse da auditoria de modo que elas sejam examinadas de forma mais minuciosa por auditores humanos. A adição mais recente à plataforma é um módulo de IA confiável que avalia modelos de inteligência artificial em busca de vieses.

O grupo de inovação em auditoria da Deloitte segue um processo comum no desenvolvimento de todos os seus casos de uso para aplicar IA aos procedimentos da área. As cinco etapas desse processo são:

1. *Simplificar e padronizar.* A primeira etapa envolve criar um processo ou procedimento comum e simplificado para executar a tarefa. Neste ponto, nenhuma nova tecnologia é introduzida — há apenas a criação de fluxos de processos e documentação de procedimentos. Um fluxo de trabalho geral comum é descrito, e, em seguida, variações individuais necessárias para jurisdições específicas são adicionadas.

2. *Digitalizar e estruturar.* A digitalização — apoiar uma tarefa com alguma forma de tecnologia da informação que possa coletar dados e monitorar o desempenho — é um pré-requisito para ferramentas de IA que aprendem a partir de dados. A digitalização também é o próximo passo na estruturação da tarefa. A tecnologia empregada normalmente especifica a ordem em que as atividades são realizadas.

3. *Automatizar.* Uma vez que a tarefa for digitalizada e estruturada, automatizar seu desempenho costuma ser um processo simples, geralmente com algum tipo de fluxo de trabalho proprietário ou até mesmo alguma ferramenta de automação de processos robóticos. Esta etapa reduz a necessidade de trabalhos manuais, bem como geralmente melhora o tempo e a consistência dos ciclos. Por exemplo, a Deloitte utiliza tecnologia de workflow a fim de automatizar totalmente o processo de confirmação em uma auditoria, no qual cartas são enviadas a vários terceiros externos para confirmar transações financeiras.

4. *Usar analytics e análises avançadas.* É possível monitorar processos automatizados com analytics descritivas e testá-los melhor com análises preditivas ou prescritivas. Além disso, os dados dos clientes são complementados com dados externos para melhorar ainda mais o processo de avaliação de riscos ou identificar valores discrepantes em testes substantivos.

5. *Implementar tecnologias cognitivas.* A etapa final na transformação para uma tarefa habilitada por IA é implementar tecnologias dessa ferramenta para torná-la mais inteligente, possibilitando que ela aprenda pelas interações do auditor com os dados subjacentes (aprendizado de máquina, por exemplo). As ferramentas de

inteligência artificial podem aprender a executar melhor a tarefa ao longo do tempo, ou podem aplicar decisões inteligentes a um aspecto dela (como a extração e análise de cláusulas contratuais).

Cada uma dessas etapas pode, individualmente, melhorar a qualidade da auditoria e fornecer insights mais oportunos e significativos para os auditores da Deloitte e seus clientes.

O processo parece estar funcionando. As inovações de auditoria da Deloitte ganharam o prêmio de Inovação Digital do Ano no Digital Accountancy Forum and Awards no Reino Unido nos anos de 2022, 2021, 2020, 2018 e 2015. Certamente, outras empresas do grupo das Big 4 também estão adotando a IA em auditorias, mas temos a impressão de que a Deloitte está na liderança em sua busca por essa tecnologia.

O grupo de inovação em auditorias começou a mudar seu modelo de talentos para apoiar também capacidades de IA. Ele contratou vários cientistas de dados com doutorado e estagiários de cientistas de dados, bem como está contratando cada vez mais estudantes com formação educacional em dados e TI.

Raphael afirma que os clientes estão satisfeitos com os resultados das auditorias da Omnia, em especial com os insights baseados em dados referentes aos seus negócios. Ele está confiante de que a IA está melhorando a qualidade desses processos. A eficiência por ela possibilitada varia entre auditorias e clientes; às vezes, revela itens de interesse que requerem investigação adicional de auditores humanos, o que só melhora sua qualidade. A Omnia também permitiu que mais trabalhos fossem realizados fora do local do cliente; isso foi um grande benefício durante a pandemia de Covid-19. Raphael também está entusiasmado com as possibilidades de desenvolvimento da Omnia e com sua implementação global. Atualmente, seu grupo está pensando em cenários e simulações que permitam a um cliente vislumbrar iniciativas climáticas alternativas para seus negócios. Além disso, sua equipe está abordando a possibilidade de exibições visuais de lançamentos contábeis e simulações alternativas de fechamento financeiro. Ela está trabalhando com consultores da Deloitte e seus colaboradores na Nvidia em simulações visuais complexas.

IA em impostos

Impostos normalmente são divididos em projetos estratégicos voltados para o futuro e atividades de conformidade regulatória usando informações históricas. O que ambas as esferas têm em comum? A análise complexa de grandes conjuntos de dados. Historicamente, essa tem sido realizada manualmente por profissionais da área tributária, utilizando a melhor tecnologia disponível na época. A Deloitte está buscando aplicar o aprendizado de máquina ao trabalho fiscal, com a ideia de que combinar os esforços de profissionais tributários humanos a processos impulsionados por IA possa produzir um resultado geral melhor em termos de precisão, eficiência e insights.

Beth Mueller, líder de oportunidades estratégicas de crescimento (SGOs) em inteligência artificial para impostos na prática de Tax Analytics Insights da Deloitte, comentou: "As oportunidades para usar a IA no espaço tributário são abundantes. Nosso foco é aplicar legislações tributárias altamente técnicas a fatos específicos. As ferramentas e os processos habilitados por inteligência artificial continuarão a evoluir e permitirão que as funções fiscais de nossos clientes sejam melhores parceiras de negócios para suas organizações."

Na área de trabalhos fiscais estratégicos, os profissionais tributários geralmente tomam decisões que impactam significativamente a organização, mas o fazem com tempo e informações limitadas. Como o departamento tributário tende a ser o último informado sobre uma dada transação comercial, sua capacidade de tomar a decisão mais fundamentada pode ser prejudicada. No entanto, algoritmos específicos de impostos podem, por meio da IA, ser integrados aos processos de tomada de decisão para sinalizar considerações fiscais antecipadamente e conferir ao setor tributário um assento à mesa de negociações mais cedo.

Boa parte da conformidade fiscal, como no caso das auditorias externas, envolve a extração de dados dos sistemas transacionais de um cliente. O planejamento de recursos empresariais (ERP) e outros sistemas corporativos geralmente não são criados para a conformidade fiscal, então informações essenciais precisam ser extraídas deles e frequentemente reclassificadas tendo as regras fiscais em mente. A Deloitte criou uma plataforma chamada Intela para colaborar com os clientes em seus compromissos e incluiu capacidades impulsionadas por IA para extrair e categorizar dados, bem como para fornecer insights a profissionais e clientes tributários. Um domínio de dados tributários em que a classificação automática está sendo aplicada é no caso das contas do balancete de verificação — fornecendo uma determinação inicial sobre a categorização fiscal de cada conta (por exemplo, dedutível x não dedutível). Outras classificações, como as que envolvem impostos indiretos, também estão sendo automatizadas. Uma vez que todos os dados necessários são reunidos, a Deloitte utiliza automação robótica de processos (RPA) e outras soluções tecnológicas para realizar cálculos, preparar declarações de impostos e realizar um nível adicional de verificações de qualidade além dos processos de revisão conduzidos por humanos. Ela também pode processar os dados fiscais por meio de analytics a fim de identificar possíveis insights que um cliente queira levar em consideração.

Tal como acontece com as auditorias, os compromissos de conformidade fiscal geralmente envolviam um esforço manual significativo para os profissionais tributários — procurar dados, transferi-los de um sistema para outro, criar papéis de trabalho de cálculo, e assim por diante. Boa parte desse trabalho manual deixou de existir, e outra desaparecerá com o tempo. Isso permite que os profissionais tributários dediquem mais tempo à análise da situação fiscal dos clientes e lhes ofereçam conselhos sobre como melhorá-la. A automação e o uso de IA em departamentos fiscais corporativos também estão de acordo com o que algumas autoridades fiscais globais vislumbram para a melhoria do processo de conformidade fiscal; a certa altura, algumas áreas desse setor poderão simplesmente abranger um sistema em conversação direta com outro e ainda o farão com IA integrada para identificarem possíveis riscos de precisão.

IA em consultoria

A consultoria é uma das atividades menos estruturadas realizadas pelos profissionais da Deloitte, mas isso não significa que não haja oportunidades para aplicação dessa ferramenta. Nitin lidera a inteligência artificial nas práticas de consultoria, e ele e seus colegas estão buscando várias oportunidades para mudar a forma como os consultores trabalham usando a tecnologia. As oportunidades criadas se enquadram amplamente em duas categorias: desenvolvimento de capacidades e início de novos empreendimentos comerciais.

A prática de consultoria sabia que a chave para transformar uma organização impulsionada por pessoas em uma impulsionada por pessoas e IA era desenvolver rapidamente as capacidades necessárias que guiam a economia mais inteligente dos dias atuais. Dado que a inteligência artificial é cada vez mais uma prioridade nos negócios e sociedades atuais, a Deloitte Consulting precisava ter as capacidades necessárias dessa ferramenta para atender seus clientes. Essas incluíam IA conversacional, visão computacional, uso de técnicas dessa ferramenta para processar dados de internet das coisas e dispositivos de borda, bem como aplicação de AutoML. O objetivo era desenvolver em escala o conhecimento e os conjuntos de habilidades necessários a essas capacidades; em vez de um pequeno grupo especializado ser capaz de fornecer serviços de IA, a maioria dos praticantes da Deloitte poderia ajudar os clientes a transformar seus negócios. Os contextos para isso incluíam a digitalização das centrais de atendimento, a modernização das operações de manufatura a fim de criar fábricas inteligentes, ou a extensão da nuvem para a borda das redes dos clientes. No âmbito da AI Academy, a Deloitte trabalhou com instituições de ensino a fim de criar um currículo personalizado para os praticantes na aplicação comercial de IA, bem como para disseminar as capacidades dessa ferramenta necessárias às práticas de consultoria.

A outra área de foco tem sido a criação de novos empreendimentos comerciais, com o objetivo de expandir os modelos de negócios tradicionais da Deloitte Consulting para outros novos, fortalecendo assim sua posição no mercado para a próxima década. A iniciativa estratégica de IA concentra-se nas áreas em que a Consulting já possui capacidades de liderança e lança novos empreendimentos comerciais que transformarão a maneira como a Deloitte presta consultoria nessas áreas na próxima década.

Por exemplo, a empresa possui um dos maiores negócios de implementação de dados para ajudar os clientes a migrarem seus dados para a nuvem, negócio esse que está sendo expandido para levá-los a explorar esses dados e se tornarem, eles próprios, impulsionados por IA. A Deloitte Consulting lançou um novo negócio chamado ReadyAI — uma capacidade de inteligência artificial como serviço — que fornece aos clientes equipes com conjuntos de habilidades complementares pré-configurados. Elas ajudam os consumidores a decidir o que fazer com seus dados e a desenvolver casos de uso com processos e ferramentas padrão de IA, incluindo aprendizado de máquina e aprendizado profundo. Assim, o ReadyAI permite que os clientes criem as próprias iniciativas de inteligência artificial. Ao contrário de um contrato típico de consultoria, não há requisitos ou prestações predefinidos, e as equipes geralmente são direcionadas pelo próprio consumidor.

Outro empreendimento comercial lançado consiste no desenvolvimento de processos transacionais autônomos e na possibilidade de os clientes se inscreverem neles. Historicamente, a Deloitte é líder na implementação de sistemas ERP. Esses digitalizam processos de negócios, mas o objetivo de muitas empresas agora é empregar processos autônomos sempre que possível. A Deloitte, em parceria com seus fornecedores de tecnologia, lançou um novo negócio usando AIOps para automatizar processos envolvendo múltiplos sistemas transacionais, que costumavam ser executados com uma quantidade considerável de trabalho manual. Tais processos são divididos em transações discretas; algoritmos são construídos para tomar decisões inteligentes dentro delas, aprendendo, em seguida, continuamente a partir dos dados que passam por eles, e ações autônomas são desencadeadas. Por fim, os algoritmos são empacotados em microsserviços discretos nos quais os clientes podem se inscrever.

Um terceiro negócio lançado pela Deloitte Consulting visa habilitar fábricas inteligentes para clientes da indústria manufatureira. Com a onipresença de sensores nas linhas de produção, dados massivos são gerados a cada etapa do processo de fabricação. Assimilar esses dados e aplicar algoritmos para analisar e melhorar continuamente os processos é o que caracteriza uma fábrica inteligente. Adicione-se a isso o monitoramento e ajuste em tempo real que podem ser feitos com câmeras inteligentes e tem-se um sistema que fabrica e opera em grande parte de forma autônoma, aprimorando-se automaticamente. A Deloitte já é líder na implementação de cadeias de suprimentos globais para as organizações, mas o empreendimento das fábricas inteligentes eleva isso a um novo patamar: o de um domínio movido a IA na interseção de processos de fabricação e de cadeia de suprimentos.

A Deloitte aprendeu três lições importantes com seu foco em inteligência artificial no âmbito da consultoria. Para embarcar em uma jornada movida a essa ferramenta, uma organização precisa:

- *Modernizar o que se faz hoje.* O foco da Deloitte na construção de capacidades de IA é uma iniciativa para capacitar e modernizar seus serviços, de tal modo que ela preste assessoria, implemente sistemas e opere processos para os clientes na economia global mais inteligente dos dias atuais.
- *Criar negócios com uma visão de longo prazo.* Como a maioria das organizações bem-sucedidas, a Deloitte reconhece que precisa criar novos negócios que pagarão os dividendos ao longo da próxima década. A iniciativa estratégica de IA inclui um plano de investimento plurianual, liderança dedicada, ímpeto executivo e um consenso em toda a organização para buscar benefícios de longo prazo em oposição a ganhos de curto prazo.
- *Explorar continuamente em busca do novo.* Embora a iniciativa estratégica de IA esteja conduzindo um programa estruturado, ela também está experimentando continuamente com vários grupos na Consulting para determinar qual será a próxima grande ideia. Um exemplo disso é a busca pela codificação autônoma de aplicativos de negócios. Muitos projetos da Deloitte Consulting envolvem algum tipo de codificação, então a prática está experimentando ativamente com o uso de inteligência artificial para a geração de código. O poderoso e transformador programa GPT-3 dessa ferramenta, desenvolvido pela OpenAI, provou ser bom não apenas na geração de textos, mas também na de alguns tipos de programas de computador. Essa capacidade se encontra no centro de uma ferramenta de código aberto chamada Codex, que transforma em códigos as descrições de texto em inglês de um programa. Os consultores da Deloitte estão investigando ativamente em que circunstâncias o Codex pode melhorar a produtividade da empresa e permitir que não programadores gerem código.

Essas três lições têm sido, e continuarão sendo, os princípios orientadores das iniciativas de IA nas práticas de consultoria, impulsionando a estratégia dessa ferramenta, os investimentos e o foco na liderança. Os líderes da prática também acreditam firmemente que, se a Deloitte vai ajudar seus clientes a se tornarem impulsionados por inteligência artificial, ela também precisa se impulsionar nesse sentido.

IA em assessorias de risco e financeira

As práticas de Assessorias de Risco & Financeira (ou só "Assessoria") da Deloitte são voltadas para ajudar os clientes a mitigar riscos de diversos tipos. No passado, ela utilizou ferramentas de IA comercialmente disponíveis para auxiliá-los em alguns projetos, como a geração automática de relatórios de atividades suspeitas de lavagem de dinheiro. Mas, com as SGOs dessa tecnologia, a prática embarcou em uma nova estratégia para inteligência artificial conduzida por diretores seniores como Irfan Saif, assim como Nitin, codiretor dos negócios de IA da empresa nos EUA. Esses líderes se esforçaram para entender a mentalidade da equipe executiva, promover mudanças e criar o senso de urgência necessário. A nova estratégia se baseava no desenvolvimento de produtos reutilizáveis construídos pelos principais cientistas de dados. Ed Bowen, que se tornou chefe do grupo de inteligência artificial da prática em 2020, tem formação em ciência de dados genéticos na indústria farmacêutica e acelerou rapidamente a contratação de doutores e cientistas de dados com experiência em matemática e ciências.

O grupo de Assessoria em IA já desenvolveu e entregou quatro produtos — dois no setor de segurança cibernética, um no de detecção de fraudes na área da saúde e outro envolvendo controles contábeis. A segurança cibernética é uma área rica em potencial para a inteligência artificial, pois há muitos dados para os humanos monitorarem e entenderem, e os próprios cibercriminosos estão fazendo uso dela. Assim como na consultoria, a Assessoria desenvolveu uma plataforma padrão de IA e reuniu diversos ativos de dados em larga escala. Entre todas as unidades de negócios da Deloitte, a abordagem da Assessoria em relação a essa ferramenta é uma das mais orientadas para pesquisa e impulsionadas por algoritmos de ponta. Se esse modo de agir for bem-sucedido, as SGOs garantirão que ele se espalhe também para outras unidades de negócios.

Em todas essas áreas de atuação diferentes, há uma clara ênfase no trabalho dos profissionais da Deloitte em estreita colaboração com máquinas inteligentes — ampliação, em vez de automação. No momento, os humanos ainda assumem a maioria das tarefas, mas, em algum momento no futuro, poderá haver um ponto de inflexão em que as máquinas passarão a realizar a maior parte delas para os clientes, e os seres humanos simplesmente garantirão que essas estejam desempenhando as funções para as quais foram projetadas. Quando praticamente todos os funcionários humanos da Deloitte estiverem colaborando com sistemas dessa tecnologia, isso poderá ser uma indicação de que o futuro da inteligência artificial chegou à empresa.

Capital One: De Organização Focada em Analytics a Organização Focada em IA

Como discutimos brevemente no capítulo 6, a Capital One é conhecida há muito tempo como uma organização de serviços financeiros orientada por dados. Fundada em 1994 após se desvincular do Signet Bank, a ideia central por trás da sua formação era a estratégia baseada em informações — a crença de que decisões operacionais e financeiras importantes devem ser tomadas com base em dados e analytics. Seus fundadores, Rich Fairbank (que ainda é seu CEO) e Nigel Morris, acreditavam que dados e analytics poderiam fazer da empresa uma emissora de cartões de crédito diferenciada, eficiente e lucrativa. A Capital One usou analytics para compreender padrões de gastos dos consumidores, reduzir riscos de crédito e melhorar o atendimento ao cliente. Mais tarde, ela entrou nas áreas bancárias de varejo e comércio, construiu e adquiriu uma rede de filiais e assumiu várias formas de empréstimos ao consumidor. O banco nomeou o primeiro diretor executivo de dados do mundo em 2002.[2] Rob Alexander, seu diretor de TI de longa data, observou que "estávamos criando uma melhor empresa de serviços financeiros ao consumidor por meio de dados e analytics. Em muitos aspectos, fomos a primeira empresa de big data". Quando Tom escreveu, em 2006, sobre empresas concorrentes em analytics, a Capital One foi uma das poucas a se destacar por elaborar suas estratégias em torno de dados e análises.[3]

No entanto, para se manter no topo, as organizações precisam inovar continuamente. Em 2011, diante de disrupções no setor bancário, a Capital One tomou a decisão estratégica de reinventar e modernizar muitos aspectos de seus negócios — desde sua cultura até seus processos operacionais e sua infraestrutura tecnológica central. "Não começamos no primeiro dia já sabendo exatamente como tudo se desdobraria ao longo dos anos", disse Alexander. "Nosso objetivo era chegar a este destino, onde seríamos mais rápidos e ágeis com novas capacidades para os clientes." Os aspectos tecnológicos dessa transformação envolveram mudar para um modelo ágil de entrega de softwares, construir uma organização de engenharia em grande escala e, então, contratar milhares de pessoas para funções digitais, tornar-se nativo da nuvem, bem como reconstruir aplicativos para a nuvem, além de insistir em padrões arquitetônicos modernos como APIs RESTful, microsserviços e bases de código aberto.

Tornando-se focada em IA

A Capital One também se juntou ao grupo de organizações totalmente voltadas para a IA. Originalmente, ela formou duas equipes de aprendizado de máquina de grande porte, uma em sua linha de negócios de cartões de crédito e outra no nível corporativo, mas recentemente unificou-as no Centro de Aprendizado de Máquina. Há cientistas de dados construindo modelos por todo o banco — nos setores de cartões, riscos, atendimento ao cliente e até mesmo em funções de pessoal como finanças e recursos humanos. A Capital One também oferece aos seus clientes o Eno, um assistente inteligente que os auxilia em tarefas como alertas de fraude e consultas de saldos. Os executivos da empresa afirmam que o foco do aprendizado de máquina e da inteligencia artificial não está apenas na tomada de decisões de crédito — aplicação clássica para um emissor de cartões —, mas em todo e cada aspecto das interações e operações com o cliente. Como disse o CIO Rob Alexander: "Toda vez que tomamos uma decisão, é uma oportunidade para usar o aprendizado de máquina — a quais clientes direcionar o marketing, quais produtos e recompensas oferecer a eles, que termos usar para acompanhar o relacionamento, quais limites de gastos estabelecer, como identificar fraudes e assim por diante."

O objetivo do banco é fornecer experiências impecáveis que antecipem as necessidades do cliente, ofereçam-lhes as informações e ferramentas certas antes que precisem delas, bem como cuidem deles e do seu dinheiro. A Capital One aplicou IA e aprendizado de máquina em quase todos os aspectos de seus negócios, mas está longe de concluir sua jornada.

Migrando para a nuvem

Como a Capital One modernizou suas abordagens legadas de analytics para o mundo da inteligência artificial? A resposta principal, de acordo com Alexander e seus colegas, foi uma nova geração de tecnologia. Por volta de 2011, segundo o diretor de TI, os executivos buscaram redefinir o banco para o futuro. O custo das tecnologias essenciais havia diminuído significativamente. Os canais digitais para os quais os clientes estavam migrando geravam uma quantidade muito maior de dados, além de potencial para uma melhor compreensão dos consumidores. A nuvem fornecia a capacidade de lidar com dados em escala e integrar dados discrepantes com mais facilidade. Alexander e seus colegas concluíram então que não fazia mais sentido para a organização de TI criar soluções de infraestrutura. Em vez disso, ela deveria se concentrar no desenvolvimento de recursos de software e negócios de excelência para atender aos clientes.

Mover os dados para a nuvem foi o principal resultado desse pensamento, ela se tornando um catalisador substancial para o trabalho de IA da Capital One. A empresa começou com nuvens privadas em data centers, mas depois se atentou ao que estava acontecendo com a Amazon Web Services; Alexander sentiu que sua organização nunca poderia competir com a escala e a resiliência da AWS. O banco poderia se beneficiar muito do armazenamento e da capacidade computacional em nuvem baseados em software, altamente escaláveis e instantaneamente provisionados. Novas ferramentas e plataformas inovadoras de aprendizado de máquina estavam disponíveis na Amazon Web Services e em outras nuvens públicas. Em suma, essa migração dos dados possibilitaria uma nova geração de tecnologias dentro do banco — não apenas IA, mas também experiências móveis e digitais para o cliente. Em 2020, a Capital One fechou seu último data center e transferiu todas as suas aplicações e dados para a nuvem pública da AWS.[4]

Uma das razões pelas quais a nuvem é tão essencial é que a Capital One está se movendo cada vez mais em direção a um ambiente de dados de streaming em tempo real. Mike Eason, veterano da empresa e atual CIO de Dados Corporativos, Aprendizado de Máquina e Engenharia Corporativa, disse que a quantidade e a velocidade dos dados são um grande diferencial em relação ao período de foco do banco em analytics. Ele comentou em uma entrevista: "Os modelos que usávamos nos anos 1990 baseavam-se principalmente em dados em lote — armazenados mensalmente ou semanalmente, ou no máximo, a cada noite. Agora temos uma quantidade enorme de dados de streaming de transações na web e móveis, caixas eletrônicos, transações com cartões e assim por diante, precisando analisá-los em tempo real para atender às necessidades dos clientes e evitar fraudes. Ainda temos um data lake para armazená-los, mas cada vez mais os analisamos conforme vão surgindo."

Abhijit Bose, que lidera o Centro de Aprendizado de Máquina (C4ML) do banco, acrescentou: "Estamos nos tornando uma empresa que toma decisões em tempo real. Rich Fairbank fala sobre isso com frequência. "Inicialmente éramos orientados por analytics, depois fizemos a transição para dados e nuvem, e agora as decisões em tempo real são nosso foco. Os modelos que analisam dados em tempo real conduzirão todas as funções e processos do banco."

A ampla ênfase em IA da Capital One é apenas um componente de uma jornada de transformação mais ampla, embora seja um dos mais importantes. Os líderes da empresa — começando pelo seu fundador, Rich Fairbank — acreditam que os vencedores na economia do futuro próximo serão empresas de tecnologia com capacidades bancárias tradicionais, principalmente a de gestão de riscos. Fairbank teve a visão original de um banco que fazia praticamente tudo com base em dados e analytics, e agora, com bancos de dados massivos e inteligência artificial em tempo real, sua visão foi concretizada e levada ainda mais adiante. Rob Alexander acredita que a empresa está nos estágios iniciais de uma ampla transformação em direção a serviços bancários intensivos em tecnologia, tendo em seu cerne a tomada de decisões baseada em IA.

Ênfases atuais de IA na Capital One

Um dos principais focos da Capital One é empregar aprendizado de máquina em escala por todo o banco. Ela possui modelos de ML em praticamente todos os seus principais processos de negócios e está constantemente construindo outros e refinando os existentes. No momento, por exemplo, está focada no uso de IA para combater fraudes de crédito, elaborar ofertas de recompensas personalizadas para os clientes e detectar golpes em caixas eletrônicos. Também está aprimorando o Eno para oferecer conselhos melhores aos consumidores sobre como melhorar suas vidas financeiras e prevendo suas atividades e necessidades em sessões online e de call center.

Bose, líder do C4ML, trabalhou em várias empresas de ponta em IA. Muitos cientistas de dados possuem um doutorado, mas Bose tem dois — um em engenharia mecânica e outro em ciência e engenharia da computação. Ele explicou em uma entrevista que, embora formas tradicionais de analytics ainda sejam empregadas na Capital One, o objetivo é usar modelos que aprendam com dados — ou seja, aprendizado de máquina (ML) — tanto quanto possível. O ML em escala é um dos principais focos de Bose e do C4ML, usando abordagens como plataformas padrão, democratização, bibliotecas de recursos e algoritmos, bem como contratação e treinamento em larga escala.

A Capital One está desenvolvendo uma plataforma de ML que auxiliaria em praticamente todos os aspectos do desenvolvimento, implantação e manutenção dos modelos do banco ao longo do tempo. (Milhares já estão em uso diário.) Um de seus objetivos é evitar que os cientistas de dados façam a mesma coisa de dez maneiras diferentes em todo o banco, o que aumentará sua eficiência, eficácia e satisfação profissional. A plataforma ajuda a desenvolver modelos com várias bibliotecas e automações de fluxo de trabalho, incluindo bibliotecas de recursos e ferramentas de aprendizado de máquina automatizadas. Seus recursos também capturam e armazenam informações de treinamento e execução de modelos, como parâmetros e resultados, de forma repetível e consultável, para que os modelos possam ser auditados e reproduzidos. Essas informações também ajudam o banco a validá-los e implantá-los. Uma vez em produção, eles são verificados regularmente quanto a desvios utilizando ferramentas e métodos MLOps e, se necessário, devidamente retreinados. Em alguns casos, como o assistente inteligente Eno, o retreinamento ocorre automaticamente. Em outros, há supervisão humana por meio do escritório regulatório de modelos do banco.

Mesmo na área de IA responsável — um dos principais focos do C4ML —, Bose disse que o banco gostaria de incorporar escala e automação ao processo sempre que possível. Ele procura maximizar explicabilidade, imparcialidade e considerações éticas ao incorporá-las como objetivos à plataforma de aprendizado de máquina, da qual bibliotecas de programas de explicabilidade e programas automatizados de detecção de viés serão componentes. Algumas linhas de código convocarão uma biblioteca de detecção de vieses, e suas descobertas serão agregadas e anexadas a um arquivo que será enviado a um encarregado de riscos de modelo.

A Capital One também está em uma onda de contratações de talentos em IA, trazendo milhares de engenheiros de aprendizado de máquina e de softwares relacionados. Em 2021, o banco também desenvolveu um programa de treinamento interno de 160 horas para engenheiros de ML que antes ocupavam outros cargos; Bose disse que recebeu uma resposta extremamente positiva dos funcionários, e o programa agora está em sua primeira turma. O C4ML e o departamento de RH também desenvolveram recentemente uma família de cargos para a função de engenheiro de ML, que inclui crescimento de carreira, remuneração e divulgação para novos recrutas, juntando-se a outras já estabelecidas para cientistas de dados, cientistas de pesquisa e engenheiros de dados. A Capital One possui incubadoras ou laboratórios em sete universidades dos EUA e planeja adicionar mais ao seu ecossistema. Poderá haver um futuro em que os membros do corpo docente entrem e saiam da empresa para períodos sabáticos de seis meses voltados ao trabalho em iniciativas de aprendizado de máquina.

O CIO Alexander fez, e então respondeu, a seguinte pergunta-chave: "Por que os serviços bancários estabelecidos não foram interrompidos pelas empresas de tecnologia? É provável que o sejam em algum momento. Mas nós temos a oportunidade de gerar disrupção na nossa indústria". E de fato, a Capital One está contratando algumas das melhores e mais brilhantes mentes de IA dessas mesmas empresas de tecnologia. Bose veio de um cargo sênior de inteligência artificial no Facebook. Rob Pulciani, vice-presidente executivo de Produtos de IA e Aprendizado de Máquina do banco, veio da Amazon, onde foi um dos primeiros executivos a liderar o negócio Echo/Alexa. Está claro que os líderes da Capital One não pretendem ficar atrás de ninguém na adoção de tecnologias, gestão de dados e aprendizado de máquina para aplicações que beneficiem os clientes. Eis um exemplo primário de uma empresa que antes competia em analytics, mas agora está competindo em IA.

CCC Intelligent Solutions: De Organização Focada em Dados a Organização Focada em IA

Um terceiro caminho para se tornar totalmente focado em IA consiste em uma empresa aproveitar seus extensos ativos de dados e ecossistema de negócios. Você pode não estar ciente de uma organização de médio porte intensiva em IA que está empregando tecnologias avançadas para auxiliar seguradoras de automóveis. Mas, se já sofreu um acidente de carro que exigiu muitos reparos, provavelmente se beneficiou de seus dados, ecossistema e tomadas de decisão baseados em IA. A CCC foi fundada em 1980 como Certified Collateral Corporation. Ela foi originalmente fundada para fornecer informações de avaliação de carros (garantias) às seguradoras a fim de definir o valor das perdas para veículos roubados ou danificados. Em 1986, tornou-se CCC Information Services e, em 2021, CCC Intelligent Solutions — refletindo seu uso de inteligência artificial nas ofertas aos clientes.

Ao longo de mais de quarenta anos, a empresa evoluiu para coletar e gerenciar cada vez mais dados, estabelecer cada vez mais relacionamentos com parceiros na economia de seguros automóveis e tomar cada vez mais decisões baseadas em dados, analytics e, por fim, IA. Nos últimos

23 anos, ela foi liderada por Githesh Ramamurthy, que anteriormente era seu diretor de tecnologia. A CCC teve um crescimento sólido e está se aproximando de US$700 milhões em receitas anuais. Trata-se de uma empresa de médio porte em comparação com a maioria das outras que mencionamos neste livro, exemplificando que organizações de diversos tamanhos podem adotar uma abordagem agressiva de IA em seus negócios.

Dos dados à IA

A CCC é um exemplo de empresa que está construindo suas capacidades de IA com base em seus dados extensos. Seus modelos de aprendizado de máquina são baseados em mais de US$1 trilhão em dados históricos de sinistros, bilhões de imagens históricas e outros dados de peças de automóveis, oficinas de reparo, lesões por colisão, regulamentações, bem como várias outras instâncias. A empresa também possui mais de 80 bilhões de quilômetros de dados históricos mediante sensores de telemática e internet das coisas. Ela fornece dados — e, cada vez mais, decisões — para um amplo ecossistema de mais de 300 seguradoras, mais de 26 mil centros de reparo, mais de 3.500 fornecedores de peças e todas as principais OEMs automotivas. Seu objetivo é conectar essas diversas organizações em uma rede contínua para processar sinistros de forma rápida e eficiente. Todas essas operações ocorrem na nuvem, onde os sistemas da empresa estão baseados desde 2003 e onde conectam 30 mil empresas, 500 mil usuários individuais e US$100 bilhões em transações comerciais.

A CCC utiliza a IA em muitos aspectos de seus negócios. Em uma apresentação para investidores, ela descreve uma série de decisões que são tomadas em nome de seus clientes com base — pelo menos em parte — em IA. Elas incluem:

- Entre todos os participantes da rede disponíveis, quem precisa estar envolvido na resolução deste evento específico?
- Quais tarifas e preços locais se aplicam?
- Quais regulamentações locais se aplicam?

- Quais são os provedores de [reparo de colisão] de melhor desempenho na área?
- Qual é o dano exato a este veículo específico, e o que é necessário para restaurá-lo?
- Quais lesões ocorreram ou não?
- Qual é o custo exato da resolução?

Essas decisões são tomadas com alguma combinação de sistemas baseados em regras e aprendizado de máquina. No entanto, mesmo as escolhas com base em regras fazem uso dos extensos bancos de dados da empresa. A CCC começou a desenvolver suas primeiras decisões baseadas em regras (na época chamadas de "sistemas especialistas") há mais de quinze anos.

A utilização de IA ocorre em várias etapas do processo de reparo. No início, por exemplo, ele costuma ser desencadeado no pré-aviso de sinistro (FNOL), quando a seguradora toma conhecimento de uma colisão, roubo ou dano ao veículo segurado. Nesse ponto, essa ferramenta pode começar a decidir entre etapas de trabalho alternativas. Os dados de telemática podem ser usados para acelerar o FNOL sem esperar por um relatório do cliente. Um modelo de aprendizado de máquina pode antever se o carro pode ser reparado ou se sofreu uma perda total — decisão importante e cara para uma seguradora. O protótipo da CCC substituiu uma lista de verificação em papel e, além de ser mais ágil, foi de quatro a cinco vezes mais preciso. Mais adiante no processo, os sistemas de IA da organização avaliam qual instalação de reparo seria a melhor para a situação, quais poderiam ser as implicações de lesões para o motorista segurado e os passageiros, e se há fraude sendo cometida pelas partes envolvidas no processo. Um executivo de uma seguradora nos disse que o desafio da CCC é encontrar maneiras de não transferir todo o processo de sinistros para a empresa.

O longo caminho para a estimativa baseada em imagens

Talvez a melhor maneira de ilustrar a transição da CCC de um negócio orientado por dados para um orientado por IA seja relatando sua jornada em direção a estimativas de reparo de colisão automatizadas — ou pelo menos semiautomatizadas — com base em imagens dos veículos. A empresa acumulou bilhões de imagens ao longo de sua trajetória, mas na maior parte do tempo elas eram usadas por peritos humanos para avaliar e registrar os danos. Além disso, durante boa parte da história da CCC, as fotos eram tiradas pelos peritos no local em que o veículo fora danificado, ou então nos locais de reparo. Essas exigiam câmeras profissionais com placas de vídeo especiais para armazenar e enviar as imagens.

Há quase uma década, no entanto, Ramamurthy notou que as câmeras amadoras estavam melhorando rapidamente, sendo até mesmo incorporadas aos smartphones, e imaginou uma época em que os proprietários dos veículos danificados poderiam tirar as próprias fotos. Então, ele pediu ao seu cientista-chefe na época para descobrir se isso era possível no caso das imagens de danos por colisão, trazendo professores de grandes universidades a fim de ajudar a explorar a questão. Um pouco mais tarde, Ramamurthy começou a ler sobre uma nova abordagem de IA para análise de imagens — redes neurais de aprendizado profundo — cujas capacidades, com dados de treinamento suficientes, poderiam igualar ou exceder aquelas humanas. Ficou claro que as unidades de processamento gráfico (GPUs) eram muito rápidas na análise de imagens, e a CCC comprou algumas da Nvidia — a única fonte na época. Ao contrário de uma CPU tradicional, uma GPU divide problemas matemáticos em problemas menores e os soluciona em paralelo, fazendo em horas ou minutos o que a outra levaria dias, meses ou até anos.

Posteriormente, Ramamurthy decidiu que era de fato possível desenvolver uma solução de análise de imagens. Ele reuniu um grupo de cientistas de dados talentosos, que aprenderam a mapear fotos para a estrutura de diferentes veículos e a anotar ou rotulá-las a fim de treinar os modelos. A CCC tinha um bilhão de fotos e US$1 trilhão em sinistros para treinar. Em 2018, a equipe tinha alguns protótipos excelentes em execução no laboratório de pesquisa da empresa, mas o desafio passou a ser incorporar a solução à empresa e aos fluxos de trabalho dos clientes. Ter um sistema de produção que pudesse ser utilizado com cada veículo, cada cliente e cada tipo de reparo era um tanto intimidador. Ele também precisaria incorporar limiares claros, especificando quando deveria ser usado e os guardrails nos algoritmos de IA.

Shivani Govil, a diretora de produtos da CCC, explicou como a resolução de todas essas questões levou cerca de três anos, exigindo também que alguns fundamentos essenciais estivessem disponíveis para os usuários. Ela disse, por exemplo: "A estimativa de fotos orientadas por IA exigia a adoção de soluções móveis que pudessem capturar dados e fotos de alta resolução a partir de dispositivos móveis." Em meados de 2021, o sistema estava pronto para implantação em produção, e a USAA foi um dos primeiros clientes. Em um artigo do *Wall Street Journal* sobre a adoção do sistema, Jim Syring, presidente da divisão de propriedades e acidentes da USAA, comentou: "Esta é a primeira vez que estamos usando um software habilitado para IA para processar estimativas de seguros automotivos de ponta a ponta", e chamou a nova plataforma de sua primeira oferta de sinistros 100% *touchless*.[5]

Essas capacidades não pretendem substituir seres humanos — pelo contrário, elas se destinam a ajudar os usuários a conseguirem fazer ainda mais e focar o engajamento empático com os clientes, ou aqueles casos difíceis que configuram exceções as quais não podem ser abordadas com precisão por meio da inteligência artificial.

Avançando com dados e IA

Os dados continuarão a fluir na CCC, sendo usados para melhorar as previsões de estimativas e outros modelos. Isso ajudará os clientes da empresa a tomarem decisões melhores, o que provavelmente atrairá mais negócios. Esse círculo virtuoso — mais dados/modelos melhores/mais negócios/mais dados — é o que torna a estrutura do ecossistema tão poderosa quando combinada à IA.

A empresa continua a crescer e a investir em seu grupo de talentos para aproveitar as vantagens das tecnologias de inteligência artificial e da ciência de dados ao longo do ciclo de vida dos sinistros. Govil, contratada recentemente pela empresa, vem das áreas de software empresarial e tecnologia de IA, e a CCC está recrutando ativamente candidatos que combinem liderança tecnológica com profundidade vertical do setor. A recém-contratada explica que este é um momento empolgante para estar no setor, pois a transformação digital, os dados dos carros conectados e a inteligência artificial estão criando oportunidades de crescimento e novas formas de trabalhar em todo o ecossistema de seguros — um dos principais fatores que a atraiu para a empresa.

Fotos e análises de imagens melhores não são as únicas mudanças tecnológicas que afetam a indústria de seguros de veículos. Os sistemas avançados de assistência ao motorista (ADAS) já estão disponíveis em muitos carros e caminhões, e acredita-se que os veículos autônomos (AVs) chegarão em breve. Cada vez mais seguradoras estão adotando seguros baseados no uso (como os do tipo *pay-as-you drive*). Mais uma vez, a CCC está começando com dados e depois colocando-os em prática na tomada de decisões. A empresa já lançou uma oferta chamada CCC VIN Connect, que registra qualquer equipamento com ADAS presente em um veículo envolvido em uma colisão, bem como os comportamentos de condução gravados nesse veículo. Ramamurthy disse que, quando os veículos autônomos estiverem disponíveis, a companhia planeja oferecer às seguradoras soluções com informações sobre quem ou o que foi responsável por um determinado acidente. Obviamente, uma vez que muitos dos detalhes técnicos dos AVs ainda são incertos, o planejamento e o desenvolvimento de tais sistemas para as seguradoras requer o mesmo tipo de aposta tecnológica de longo prazo que a CCC precisou fazer com o reconhecimento automatizado de imagens para reparos de colisões.

Well: Do Zero a Uma Startup Impulsionada por IA

Nosso último estudo de caso não começou como um negócio diferente para então se mover em direção à IA. Pelo contrário: trata-se de uma startup que tinha essa ferramenta em sua essência desde o início. Nosso foco tem sido as empresas estabelecidas que precisam lidar com tecnologias, processos e estratégias existentes antes de poderem adotar a inteligência artificial. Em geral, é muito mais fácil para uma startup desenvolver suas capacidades de IA, e é por isso que não nos concentramos nelas. Por que, então, descrever uma agora, no final do livro?

Existem várias razões para isso. Uma delas é que a experiência de uma startup de IA contrasta de forma instrutiva com o que as empresas estabelecidas precisam enfrentar. Criar mudanças substanciais em uma grande organização estabelecida pode ser um desafio enorme. Algumas dessas empresas podem ficar tentadas a estabelecer unidades de negócios independentes e ampliar sua abordagem após tomarem conhecimento de uma startup focada em IA. Elas também podem adquirir startups bem-sucedidas na criação de sistemas e processos ou modelos de negócios de inteligência artificial para operar de uma nova maneira.

Outro motivo para abordar essa empresa é o seu foco. Em capítulos anteriores, descrevemos organizações cuja prioridade é usar a IA para alterar o comportamento dos clientes; todavia, a maioria delas não está muito adiantada neste processo. O foco da startup que descreveremos no restante deste capítulo está em influenciar comportamentos de saúde por vários meios. Gary Loveman, presidente, CEO e cofundador da companhia, adquiriu muita experiência com analytics e IA em suas empresas anteriores e tem algumas ideias interessantes sobre as diferenças entre os ambientes de startups e os das organizações estabelecidas.

A startup em questão, que atua na área de saúde comportamental, é a Well. Loveman foi professor da Harvard Business School e, em seguida, CEO da Harrah's, que viria a se tornar a Caesars Entertainment. Ele era bem conhecido como um defensor do uso extensivo de analytics nos negócios da Caesars. Quando deixou a empresa, chefiou uma nova unidade de negócios em uma grande seguradora de saúde focada no uso de dados, analytics e IA com o objetivo de mudar a saúde do consumidor. Devido à dificuldade em modificar os sistemas e processos existentes, Loveman achou muito difícil definir as novas ofertas. Afirmou, por exemplo, que simplesmente coletar os números de telefone celular e endereços de e-mail dos membros da seguradora e adicioná-los aos bancos de dados — necessário para fornecer comunicações regulares dedicadas à saúde — custaria US$30 milhões em mudanças nos sistemas. No final das contas, a empresa foi comprada, o novo proprietário tinha pouco interesse na unidade de negócios chefiada por Loveman, que decidiu sair para criar sua startup.

O foco da Well é tornar as pessoas mais saudáveis, em vez de tratá-las quando ficam doentes. Ela tem pouco mais de um ano no momento da redação deste texto, mas já levantou mais de US$60 milhões de empresas de capital de risco e outros investidores. Loveman disse que a maioria dos programas de gerenciamento de doenças das seguradoras de saúde se concentra nos 5% dos membros que incorrem em 70% dos cuidados e custos, enquanto a Well atende a todos os segurados com uma ampla variedade de condições de saúde. Ela trabalha com empregadores, organizações comunitárias de saúde e consumidores a fim de engajar as pessoas em relação ao próprio bem-estar e oferecer conselhos baseados em IA e seres humanos para elas serem mais saudáveis.

O conceito básico da empresa é semelhante aos da Manulife, Ping An e outras grandes seguradoras que trabalham com a Vitality, a seguradora que descrevemos no capítulo 5, mas as recomendações e incentivos comportamentais que a Well oferece são muito mais personalizados. Enquanto outras empresas fornecem lembretes genéricos de exercícios e nutrição, a startup pode recomendar medidas preventivas específicas para condições particulares, testes de diagnóstico, melhora do sono ou conselhos para reduzir a ingestão de açúcar. Assim como outras empresas do setor, a Well oferece recompensas, mas essas também são personalizadas. Os membros altamente aderentes — aqueles que tomam os medicamentos, compareçam às consultas etc. — recebem recompensas menores por bons comportamentos de saúde, enquanto aqueles que têm uma pontuação baixa de aderência recebem recompensas maiores.

Dados e treinamento para os modelos

A Well utiliza aprendizado de máquina para impulsionar suas recomendações personalizadas, e, obviamente, esses modelos precisam ser treinados em dados. A startup obtém seus dados principalmente a partir de reivindicações de seguros, embora, no caso de alguns membros, também haja dados de prontuários eletrônicos de saúde. Os dados de reivindicações geralmente têm três meses, mas a Well os complementa com respostas subjetivas dos segurados a perguntas e reações deles ao aplicativo. Em alguns casos, a empresa pode coletar dados de um dispositivo, como o smartwatch de um membro, e, quando necessário, também pede aos segurados que descrevam aspectos da própria saúde em um questionário curto, como aqueles que um paciente preencheria em uma unidade de atendimento de emergência.

Uma recente mudança regulatória permite que os consumidores solicitem três anos de seus dados de sinistros de seguros, e a Well facilita o processo de aquisição desses dados vindos das seguradoras. Em seguida, a startup os processa e compara as condições de saúde dos membros à de indivíduos em perfis demográficos semelhantes.

Oz Ataman, diretor de tecnologia da Well, disse-nos que os modelos propriamente ditos são uma mistura de aprendizado de máquina preditivo tradicional e inferência de efeitos causais para previsões contrafactuais em cenários alternativos.[6] Como a empresa está fazendo recomendações de diversas intervenções de saúde ao longo do tempo, ela precisa planejar uma série de mensagens com conteúdos clínicos — desde recomendações até artigos relevantes e jornadas de 21 dias — passíveis de produzir o comportamento desejado no membro. Esse conjunto complexo de modelos também requer um conjunto bem definido de trajetórias clínicas e jornadas de intervenção assistencial para condições de saúde comuns.

A Well criou de vinte a trinta trajetórias clínicas para temas como pressão arterial, diabetes, saúde mental/comportamental, hipertensão, distúrbios do sono, entre muitos outros. Ataman sugeriu que a IA da empresa é menos voltada para a detecção de padrões e mais para uma personalização que compreende as lacunas no cuidado de cada membro (clínico ou pessoal) e, com base nelas, apresenta conteúdos clínicos com maior probabilidade de gerar o resultado comportamental desejado.

Para desenvolver e implantar os modelos, a empresa precisou contratar um grupo de pessoas talentosas. Uma equipe de cientistas de dados ficou responsável por construir os modelos de aprendizado de máquina. Uma equipe clínica composta por médicos, enfermeiros e farmacêuticos desenvolveu as trajetórias e jornadas clínicas, e esse mesmo grupo agrega ou cria conteúdos de saúde para os membros. Uma equipe de recompensas e incentivos descobre quais recompensas motivarão comportamentos mais saudáveis. Uma equipe de produtos desenvolve as interfaces para o site e os dispositivos móveis. E a maioria dos funcionários que criam os aplicativos são engenheiros de computação. A empresa tem cerca de cem pessoas no total, que estão distribuídas por todo o mundo.

Startup versus empresa estabelecida

Loveman encontra-se na posição relativamente rara de liderar uma startup de IA depois de comandar uma grande empresa de capital aberto e a divisão de uma outra organização. Nessas funções anteriores, considerou os principais sistemas e mudanças de processo no mínimo desafiadores. Na Well, todavia, ele disse que sua equipe pode construir novos softwares (de IA e outros) com aqueles modulares mais atuais. Eles podem facilmente criar interfaces de programação de aplicações (APIs) para qualquer outro sistema com o qual precisem interagir. Estar livre de uma empresa estabelecida significa estar livre de tecnologias ultrapassadas.

Claro, segundo ele, o papel do CEO é muito diferente em uma startup:

> Nas grandes empresas, há equipes fazendo tudo — você mesmo não faz nada sozinho. Agora, por outro lado, eu participo de quase tudo. Em vez de passar tempo com governadores e senadores, passo muito tempo com meus engenheiros. Estou muito envolvido e participo ativamente do conteúdo dos negócios, incluindo a tecnologia. Pesquisei bastante antes de criar a empresa para garantir que a tecnologia e o modelo de negócios funcionassem direito. Fiquei convencido de que a combinação de apoio do grupo, atendimento personalizado, contato frequente e incentivos poderia ajudar pacientes com hipertensão, diabetes, problemas de peso e outras condições. Já estamos fazendo isso funcionar com milhares e milhares de pessoas, mas esperamos conseguir atingir muitas mais em breve.

Ataman, que trabalhou com Loveman na Caesars e em algumas outras grandes empresas, também sugeriu que a maioria dos sistemas de empresas estabelecidas foi construída inicialmente para registrar transações. Os da Well, por outro lado, foram construídos, desde o início, com a ideia de prever os estímulos que levarão às mudanças desejadas nos comportamentos de saúde dos membros. Essa é uma abordagem de design de produto muito diferente e difícil de alcançar, a menos que seja o objetivo principal da organização.

Lições Extraídas Dessas Jornadas de IA

Existem lições importantes que outras organizações podem aprender com as jornadas de IA dessas empresas. Concluiremos o livro descrevendo algumas.

- *Saiba o que deseja alcançar com a IA.* Cada uma dessas empresas tem um conjunto claro de ideias sobre o que deseja alcançar em seus negócios com IA. Para a Deloitte, o objetivo é reduzir o trabalho enfadonho nas funções de seus profissionais e melhorar a qualidade dos serviços. Para a Capital One, é reduzir o atrito e simplificar os serviços bancários para os clientes. A CCC está focada em reduzir a carga administrativa para as seguradoras de automóveis e seus clientes quando seus veículos são danificados. E a Well está usando a inteligência artificial para ajudar seus clientes a adotarem comportamentos saudáveis. Todas essas empresas usam essa ferramenta para serem mais bem-sucedidas financeiramente, é claro, mas isso, por si só, não é um objetivo suficiente para identificar e desenvolver casos de uso de IA.
- *Comece com analytics.* A maioria dessas empresas tinha iniciativas significativas em andamento na área de analytics antes de se lançarem em direção à IA. A Well é uma exceção, é claro, já que é uma startup de inteligência artificial, mas quando Gary Loveman, seu CEO, liderava a Harrah's e a Caesars Entertainment, ele era um forte defensor da competição em analytics (Tom já escreveu a respeito disso em um outro livro). Cada uma das quatro unidades de negócios da Deloitte que descrevemos tinha atividades em andamento nesse setor — tanto internamente quanto com clientes — antes de ingressar na IA. A Capital One é outro excelente exemplo de competitividade na área, conforme descrevemos neste capítulo. E a CCC oferecia analytics em diferentes aspectos

de danos e reparos automotivos desde o início. A inteligência artificial, é claro, inclui mais tecnologias que não são baseadas nessa área, como ações autônomas, robótica, metaverso, entre outras. Mas qualquer forma de aprendizado de máquina tem analytics em seu núcleo.

- *Reduza a "dívida técnica" e crie uma arquitetura de TI modular e flexível.* Os comentários de Gary Loveman sobre seus desafios com arquiteturas de TI legadas em seu emprego anterior são muito relevantes. Se você deseja desenvolver casos de uso de IA e implantá-los facilmente em sua arquitetura, precisa de uma infraestrutura flexível e modular que se comunique principalmente por meio de APIs, tanto internas quanto externas à sua empresa. Preparar uma arquitetura de TI desse tipo, mesmo antes de precisar dela, pode compensar a longo prazo. Se você não conseguir desenvolver uma estrutura desse tipo em uma organização estabelecida, talvez deva abrir outra empresa ou fazer parceria com uma startup que não tenha nenhuma dívida técnica a resolver.

- *Coloque alguns dados e aplicativos de IA na nuvem.* Várias organizações descritas neste capítulo (incluindo a Capital One e a CCC) e em outras partes do livro atribuíram grande parte de seu sucesso com IA à migração de seus dados para a nuvem. Embora haja momentos em que sistemas baseados em instalações sejam necessários por motivos regulatórios ou de responsividade, ter dados na nuvem frequentemente significa que é mais fácil criar aplicativos de inteligência artificial que se baseiam em diversas fontes de dados. Ter silos de dados baseados em instalações provavelmente significará que seus cientistas de dados passarão grande parte do tempo tentando acessá-los e integrá-los.

- *Pense em como integrar a IA aos fluxos de trabalho de seus funcionários e clientes.* Processos de negócios inflexíveis podem ser tão limitantes quanto arquiteturas de TI legadas. Cada uma das empresas descritas neste capítulo se esforçou para integrar capacidades de IA aos fluxos de trabalho diários de seus funcionários ou clientes. A abordagem simplificada e padronizada da Deloitte em sua prática de auditoria serve bem a essas melhorias de processo; outras empresas que descrevemos, como a Shell, estão trazendo de volta a ideia de uma reengenharia de processos de negócios visando mudanças mais radicais nesse sentido.

- *Organize alguns ativos de dados.* Dados geralmente não são um problema para setores como o bancário, mas outras organizações descritas neste capítulo conduziram suas estratégias de IA em boa parte com base nos dados que conseguiram reunir. Integrar dados de sistemas transacionais de clientes talvez tenha sido o componente mais desafiador da jornada de inteligência artificial da Deloitte. Já a CCC começou a acumular dados com o seu primeiro modelo de negócios e estava bem preparada para a mudança para um com base em IA. O modelo de negócios da Well tornou-se viável quando uma mudança regulatória possibilitou que os clientes obtivessem acesso a seus próprios dados de sinistros nos seguros de saúde.
- *Crie uma estrutura de governança e liderança em IA.* O uso da estrutura de iniciativa estratégica da Deloitte para seus investimentos e governança em IA ofereceu uma cobertura útil a suas diversas unidades de negócios de serviços profissionais. Jason Girzadas liderou globalmente o esforço de integrar a inteligência artificial aos seus serviços profissionais. A Capital One, a CCC e a Well têm CEOs com foco de longo prazo e profundo em dados, analytics e IA, bem como garantiram sua aplicação bem-sucedida em estratégias e modelos de negócios.
- *Desenvolva centros de excelência em IA.* Cada uma das empresas focadas em IA neste capítulo — e todas as outras no livro — perceberam que precisariam de talentos consideráveis nessa ferramenta, engenharia de dados e ciência de dados se quisessem ter sucesso em suas jornadas. A Deloitte desenvolveu esses recursos de talentos tanto para uso interno quanto para seus clientes de consultoria. A Capital One possui um grande grupo de cientistas de dados e engenheiros de aprendizado de máquina. A CCC possui uma equipe interconectada de ciência de dados e engenharia de dados. E os cientistas de dados da Well são essenciais para sua capacidade de desenvolver modelos de recomendação e recompensa.

- *Esteja preparado para investir.* Capacidades de IA não são baratas, e as empresas deste capítulo investiram pesadamente nelas. A Deloitte estabeleceu um veículo de investimento especial para projetos de IA. A Capital One está investindo pesadamente em pessoal, plataformas e capacidades de aprendizado de máquina. A CCC abriu seu capital em 2021 e planeja investir quase US$1 bilhão em suas capacidades de inteligência artificial e dados para os clientes. E a Well está investindo grande parte dos US$65 milhões que arrecadou em capacidades de IA e sistemas.
- *Trabalhe com um ecossistema.* Algumas das empresas que discutimos, como a CCC, têm um modelo de negócios baseado em ecossistema. Mas todas elas trabalham em estreita colaboração com parceiros de negócios. A Deloitte possui relações sólidas com colaboradores de tecnologia de IA, a exemplo da Nvidia. A Capital One trabalha em estreita colaboração com a Amazon Web Services, sua parceira na nuvem, e com fornecedores de serviços externos. A CCC possui um incrível ecossistema composto por seguradoras, oficinas de reparação, fornecedores de peças e outras empresas. A Well trabalha com seguradoras, organizações de saúde comunitárias e empregadores. Não obstante, é impossível uma companhia ser bem-sucedida com IA sem relacionamentos sólidos com seus parceiros de tecnologia. Como descrevemos até aqui, alguns dos mais eficazes modelos de negócios baseados nessa ferramenta são construídos em torno de ecossistemas e plataformas.
- *Crie soluções ao longo de toda a organização.* Para pequenas e médias empresas, é dado como certo que as soluções de IA funcionarão em toda a organização. Porém, para as grandes companhias, esse nem sempre é o caso. A Deloitte e a Capital One, no entanto, demonstram que adotar uma abordagem que abranja toda a organização pode trazer benefícios consideráveis, entre os quais o compartilhamento de soluções entre unidades e funções de negócios, a criação de uma experiência mais integrada para os clientes e o proporcionamento de uma oportunidade para desenvolvedores de IA trabalharem em diversos tipos de projetos. Estruturas e centros de excelência de governança dessa ferramenta em toda a organização tornarão essa abordagem ampla mais viável.

Tais lições provenientes de empresas que buscam uma jornada de transformação habilitada por IA podem ajudar qualquer organização a seguir na mesma direção. Acreditamos que essa tecnologia — aplicada estrategicamente e em grande escala — será fundamental para o sucesso de quase todos os negócios no futuro. A quantidade de dados está aumentando rapidamente, e isso não vai mudar. A inteligência artificial é um meio de atribuir sentido aos dados em escala e de tomar decisões inteligentes em toda a organização, e isso também não vai mudar. A IA veio para ficar, e as empresas que a aplicarem com vigor e inteligência provavelmente dominarão seus respectivos setores ao longo das próximas décadas.

NOTAS

Introdução

1. Para uma transcrição do discurso de Pichai, ver: *The Singju Post*, 18 de maio de 2017, https://singjupost.com/google-ceo-sundar-pichais-keynote-at-2017-io-conference-full-transcript/.
2. Jack Clark, "Why 2015 Was a Breakthrough Year in Artificial Intelligence", *Bloomberg*, 8 de dezembro de 2015, https://www.bloomberg.com/news/articles/2015-12-08/why-2015-was-a-breakthrough-year-in-artificial-intelligence.
3. Ash Fontana, *The AI-First Company: How to Compete and Win with Artificial Intelligence* (Londres: Portfolio, 2021).
4. Thomas H. Davenport, "The Future of Work Now: Intelligent Mortgage Processing at Radius Financial Group", *Forbes*, 4 de maio de 2021, https://www.forbes.com/sites/tomdavenport/2021/05/04/the-future-of-work-now-intelligent-mortgage-processing-at-radius-financial-group/?sh=71bfdec2713a.
5. Para mais detalhes sobre o desempenho do radius, ver: Davenport, "The Future of Work Now".
6. Site da Airbus, https://www.airbus.com/en/innovation/industry-4-0/artificial-intelligence, acesso em 27 de dezembro de 2021.
7. Site da Ping An Technology, https://tech.pingan.com/en/, acesso em 27 de dezembro de 2021.
8. Ver, por exemplo, Thomas H. Davenport, "Competing on Analytics", *Harvard Business Review*, janeiro de 2006, https://hbr.org/2006/01/competing-on-analytics, ou Thomas H. Davenport e Jeanne Harris, *Competing on Analytics: The New Science of Winning* (Boston: Harvard Business Review Press, 2007; atualizado e com uma nova introdução de 2017).
9. Deloitte refere-se a uma ou mais entidades da Deloitte Touche Tohmatsu Limited (ou "DTTL"), uma empresa privada britânica de responsabilidade limitada, a sua rede de empresas associadas e suas entidades relacionadas. A DTTL e cada uma de suas empresas associadas são entidades legalmente separadas e independentes.

A DTTL (também referida como "Deloitte Global") não presta serviços a clientes. Nos EUA, "Deloitte" refere-se a uma ou mais das empresas associadas estadunidenses da DTTL, a suas entidades relacionadas que operam usando o nome "Deloitte" nos EUA e suas respectivas afiliadas. Certos serviços podem não estar disponíveis para atestar clientes de acordo com as regras e regulamentos de contabilidade pública. Visite www.deloitte.com/about para saber mais sobre sua rede global de empresas associadas.

Capítulo 1

1. Sundar Pichai, "A Personal Google, Just for You", Blog Oficial do Google, 4 de outubro de 2016, https://googleblog.blogspot.com/2016/10/a-personal-google-just-for-you.html.
2. Deloitte, "State of AI in the Enterprise". Pesquisa, 3ª edição, 2020, https://www2.deloitte.com/cn/en/pages/about-deloitte/articles/state-of-ai-in-the-enterprise-3rd-edition.html.
3. Salvo indicação em contrário, todas as declarações e citações provêm de entrevistas realizadas pelos autores.
4. IBM Watson Global AI Adoption Index 2021, https://filecache.mediaroom.com/mr5mr_ibmnews/190846/IBM's%20Global%20AI%20Adoption%20Index%202021_Executive-Summary.pdf.
5. Sam Ransbotham *et al.*, "Winning with AI: Findings from the 2019 Artificial Intelligence Global Executive Study and Research Report", *MIT Sloan Management Review*, 15 de outubro de 2019, https://sloanreview.mit.edu/projects/winning-with-ai/.
6. Deloitte, "State of AI in the Enterprise" Pesquisa, 2ª edição, 2018, https://www2.deloitte.com/us/en/insights/focus/cognitive-technologies/state-of-ai-and-intelligent-automation-in-business-survey-2018.html.
7. Thomas H. Davenport e Randy Bean, "Companies Are Making Serious Money with AI," *MIT Sloan Management Review*, 17 de fevereiro de 2022, https://sloanreview.mit.edu/article/companies-are-making-serious-money-with-ai/.
8. Thomas H. Davenport e Julia Kirby, *Only Humans Need Apply: Winners and Losers in the Age of Smart Machines* (Nova York: Harper Business, 2016); ver também Thomas H. Davenport e Steven Miller, *Working with AI: Real Stories of Human-Machine Collaboration* (Cambridge, MA: MIT Press, 2022).
9. Thomas H. Davenport, "Continuous Improvement and Automation at Voya Financial", *Forbes*, 9 de dezembro de 2019, https://www.forbes.com/sites/tomdavenport/2019/12/09/continuous-improvement-and-automation-at-voya-financial/?sh=4f8441ac46a4.

10. Deloitte, Pesquisa "State of AI in the Enterprise".
11. Veronica Combs, "Guardrail Failure: Companies Are Losing Revenue and Customers Due to AI Bias", *TechRepublic*, 11 de janeiro de 2022, https://www.techrepublic.com/article/guardrail-failure-companies-are-losing-revenue-and-customers-due-to-ai-bias/.
12. Reid Blackman, "If Your Company Uses AI, It Needs an Institutional Review Board", *Harvard Business Review*, 1º de abril de 2021.
13. John Hagel e John Seely Brown, "Great Businesses Scale Their Learning, Not Just Their Operations", *Harvard Business Review*, 7 de junho de 2017, https://hbr.org/2017/06/great-businesses-scale-their-learning-not-just-their-operations.
14. Zheng Yiran, "AI Strikes Note of Confidence in Arts", *China Daily*, 23 de setembro de 2019, https://global.chinadaily.com.cn/a/201909/23/WS5d882a3da310cf3e3556ce14.html.

Capítulo 2

1. Randy Bean e Thomas H. Davenport, "Companies Are Failing in Their Efforts to Become Data-Driven", *Harvard Business Review*, 5 de fevereiro de 2019, https://hbr.org/2019/02/companies-are-failing-in-their-efforts-to-become-data-driven.
2. Joanna Pachner, "Choice President: Why Sarah Davis Is the Leader Loblaw Needs Right Now", *The Globe and Mail*, 28 de janeiro de 2020, https://www.theglobeandmail.com/business/rob-magazine/article-choice-president-why-sarah-davis-is-the-leader-loblaw-needs-right-now/.
3. Deloitte Insights, "2021 State of AI in the Enterprise", Relatório de Pesquisa, 4ª Edição, https://www2.deloitte.com/content/dam/insights/articles/US144384_CIR-State-of-AI-4th-edition/DI_CIR-State-of-AI-4th-edition.pdf.
4. Thomas H. Davenport e Ren Zhang, "Achieving Return on AI Projects", *MIT Sloan Management Review*, 20 de julho de 2021, https://sloanreview.mit.edu/article/achieving-return-on-ai-projects/.
5. Deloitte Insights, "2021 State of AI in the Enterprise."
6. Sessão extraída de Thomas H. Davenport e de George Westerman, "How HR Leaders Are Preparing for the AI-Enabled Workforce", *MIT Sloan Management Review*, 17 de março de 2021, https://sloanreview.mit.edu/article/how-hr-leaders-are-preparing-for-the-ai-enabled-workforce/.
7. J. Loucks, T. Davenport e D. Schatsky, "State of AI in the Enterprise, 2nd Edition: Early Adopters Combine Bullish Enthusiasm with Strategic Investments", Arquivo PDF (Nova York: Deloitte Insights, 2018), https://www2.deloitte.com.

8. T. Cullen, "Amazon Plans to Spend $700 Million to Retrain a Third of Its US Workforce in New Skills", CNBC, 11 de julho de 2019, https://www.cnbc.com/2019/07/11/amazon-plans-to-spend-700-million-to-retrain-a-third-of-its-workforce-in-new-skills-wsj.html.

9. Wei-Shen Wong, "DBS Bank Grows Its Team of Data Translators", Waters Technology, 29 de julho de 2019, https://www.waterstechnology.com/data-management/4456596/dbs-bank-grows-its-team-of-data-translators.

10. "JPMorgan Chase Makes $350 Million Global Investment in the Future of Work", Comunicado de imprensa do JPMorgan Chase, 18 de março de 2019, https://www.jpmorganchase.com/news-stories/jpmorgan-chase-global-investment-in-the-future-of-work.

11. Erik Brynjolfsson, Tom Mitchell e Daniel Rock, "What Can Machines Learn, and What Does It Mean for Occupations and the Economy?", *AEA Papers and Proceedings*, maio de 2018, pp. 43–47, https://www.aeaweb.org/articles?id=10.1257/pandp.20181019.

12. Davenport e Westerman, "How HR Leaders Are Preparing for the AI-Enabled Workforce".

13. Thomas H. Davenport, "Building a Culture that Embraces Data and AI", *Harvard Business Review*, 28 de outubro de 2019, https://hbr.org/2019/10/building-a-culture-that-embraces-data-and-ai.

Capítulo 3

Epígrafe: Extraída de Alex Connock e Andrew Stephen, "We Invited an AI to Debate Its Own Ethics in the Oxford Union — What It Said Was Startling", *The Conversation*, 10 de dezembro de 2021, https://theconversation.com/we-invited-an-ai-to-debate-its-own-ethics-in-the-oxford-union-what-it-said-was-startling-173607.

1. Sam Ransbotham *et al.*, "The Cultural Benefits of Artificial Intelligence in the Enterprise", *MIT Sloan Management Review Report*, 2 de novembro de 2021, https://sloanreview.mit.edu/projects/the-cultural-benefits-of-artificial-intelligence-in-the-enterprise/.

2. Steven LeVine, "Our Economy Was Just Blasted Years into the Future", Site da Medium, 25 de maio de 2020, https://marker.medium.com/our-economy-was-just-blasted-years-into-the-future-a591fbba2298.

3. Roberto Baldwin, "Self-Driving Cars Are Taking Longer to Build than Everyone Thought", *Car and Driver*, 10 de maio de 2020, https://www.caranddriver.com/features/a32266303/self-driving-cars-are-taking-longer-to-build-than-everyone-thought/.

4. Thomas H. Davenport, "Getting Real about Autonomous Cars", postagem de blog da MIT Initiative on the Digital Economy, 3 de abril de 2017, https://ide.mit.edu/insights/getting-real-about-autonomous-cars/.

5. Descrição de cargo para "Research Scientist, Machine-Assisted Cognition", Toyota Research Institute, https://www.simplyhired.com/search?q=toyota+research+institute&job=IKITbaYj1djMYyHDHXyGr-9sbM2sxZvZ5eCw4DFFo2fIRUkQGllRXw, acesso em 2 de agosto de 2021.

6. "Toyota Research Institute Bets Big in Vegas on 'Toyota Guardian' Autonomy", comunicado de imprensa da Toyota, 7 de janeiro de 2019, https://pressroom.toyota.com/toyota-research-institute-bets-big-in-vegas-on-toyota-guardian-autonomy/.

7. James Burton, "The World's Top-10 Wealth Management Firms by AUM", site da Wealth Professional, 5 de maio de 2021, https://www.wealthprofessional.ca/news/industry-news/the-worlds-top-10-wealth-management-firms-by-aum/355658.

8. Ver, por exemplo, https://www.forbes.com/sites/barrylibert/2019/10/29/platform-models-are-coming-to-all-industries/?sh=4ccb418962e7.

9. Para uma discussão mais detalhada sobre ecossistemas, ver Arnoud De Meyer e Peter Williamson, *The Ecosystem Edge* (Palo Alto, CA: Stanford Business Books, 2020).

10. C3.ai, "Shell, C3.ai, Baker Hughes, and Microsoft Launch the Open AI Energy Initiative, an Ecosystem of AI Solutions to Help Transform the Energy Industry", comunicado de imprensa da C3.AI, 1º de fevereiro de 2021, https://c3.ai/shell-c3-ai-baker-hughes-and-microsoft-launch-the-open-ai-energy-initiative-an-ecosystem-of-ai-solutions-to-help-transform-the-energy-industry/.

11. Dan Jeavons e Christophe Vaessens, "Q&A: What Does Open AI Mean for Energy Production?", site da Shell, 24 de março de 2021, https://www.shell.com/business-customers/catalysts-technologies/resources-library/ai-in-energy-sector.html.

12. Diabetes Prevention Program Research Group, "Reduction in the Incidence of Type 2 Diabetes with Lifestyle Intervention or Metformin", *New England Journal of Medicine* 346, nº 6 (7 de fevereiro de 2002), https://www.nejm.org/doi/10.1056/NEJMoa012512.

13. "Kroger Using Data, Technology to 'Restock' for the Future", *Consumer Goods Technology*, 17 de outubro de 2017, https://consumergoods.com/kroger-using-data-technology-restock-future.

14. Kroger Investor Conference, 11 de outubro de 2017, https://s1.q4cdn.com/137099145/files/doc_events/2017/10/1/Presentation.pdf.

15. Russell Redman, "Kroger to 'Lead with Fresh, Accelerate with Digital'", *Supermarket News*, 1º de abril de 2021, https://www.supermarketnews.com/retail-financial/kroger-lead-fresh-accelerate-digital-2021.

16. Ocado Group website, "About Us: What We Do, How We Use AI", https://www.ocadogroup.com/about-us/what-we-do/how-we-use-ai, acesso em 26 de dezembro de 2021.
17. Ver, por exemplo, Sinan Aral, *The Hype Machine: How Social Media Disrupts Our Elections, Our Economy, and Our Health — and How We Must Adapt* (Nova York: Crown, 2021).
18. Progressive Insurance, "Telematics Devices for Car insurance", site da Progressive, https://www.progressive.com/answers/telematics-devices-car-insurance/, acesso em 24 de março de 2022.

Capítulo 4

1. Thomas H. Davenport, Theodoros Evgeniou e Thomas C. Redman, "Your Data Supply Chains Are Probably a Mess", *Harvard Business Review*, 24 de junho de 2021, https://hbr.org/2021/06/data-management-is-a-supply-chain-problem.
2. Katherine Noyes, "AI Can Ease GDPR Burden", Deloitte Insights for CMOs, *Wall Street Journal*, 4 de junho de 2018, https://deloitte.wsj.com/articles/ai-can-ease-gdpr-burden-1528084935.

Capítulo 5

1. Anthem Corporate and Social Responsibility Report, "Becoming a Digital-First Platform for Health", 2020, https://www.antheminc.com/annual-report/2020/becoming-a-digital-first-platform-for-health.html.
2. Ver, por exemplo, Thomas H. Davenport, "The Future of Work Now: Ethical AI at Salesforce", *Forbes*, 27 de maio de 2021, https://www.forbes.com/sites/tomdavenport/2021/05/27/the-future-of-work-now-ethical-ai-at-salesforce/?sh=16195cd53eb6.
3. Margaret Mitchell *et al.*, "Model Cards for Model Reporting", artigo apresentado na FAT*'19: Conference on Fairness, Accountability, and Transparency, janeiro de 2019, arXiv:1810.03993.
4. Isabel Kloumann e Jonathan Tannen, "How We're Using Fairness Flow to Help Build AI That Works Better for Everyone", postagem de Facebook, 31 de março de 2021, https://ai.facebook.com/blog/how-were-using-fairness-flow-to-help-build-ai-that-works-better-for-everyone/.
5. Shirin Ghaffary, "Google Says It's Committed to Ethical AI Research. Its Ethical AI Team Isn't So Sure", *Vox*, 2 de junho de 2021, https://www.vox.com/recode/22465301/google-ethical-ai-timnit-gebru-research-alex-hanna-jeff-dean-marian-croak.

6. Paresh Dave e Jeffrey Dastin, "Money, Mimicry and Mind Control: Big Tech Slams Ethics Brakes on AI", Reuters, 8 de setembro de 2021, https://www.reuters.com/technology/money-mimicry-mind-control-big-tech-slams-ethics-brakes-ai-2021-09-08/.
7. Ping An Group, "AI Ethical Governance Statement and Policies of Ping An Group", https://group.pingan.com/resource/pingan/ESG/Sustainable-Business-Integration/ping-an-group-ai-ethics-governance-policy.pdf, acesso em 21 de dezembro de 2021.
8. Partnership on AI, página inicial, https://partnershiponai.org/, acesso em 24 de março de 2022.
9. EqualAI, "Checklist for Identifying Bias in AI", https://www.equalai.org/assets/docs/EqualAI_Checklist_for_Identifying_Bias_in_AI.pdf, acesso em 21 de dezembro de 2021.

Capítulo 6

1. Deloitte AI Institute, "The AI Dossier", 2021, https://www2.deloitte.com/us/en/pages/consulting/articles/ai-dossier.html.
2. Alamira Jouman Hajjar, "Retail Chatbots: Top 12 Use Cases & Examples in 2022", site da AIMultiple, 11 de fevereiro de 2022, https://research.aimultiple.com/chatbot-in-retail/.
3. Cecelia Kang, "Here Comes the Full Amazonification of Whole Foods", *The New York Times*, 28 de fevereiro de 2022, https://www.nytimes.com/2022/02/28/technology/whole-foods-amazon-automation.html.
4. Judson Althoff, "Orsted Uses AI and Advanced Analytics to Help Power a Greener Future", LinkedIn, 3 de março de 2021, https://www.linkedin.com/pulse/%C3%B8rsted-uses-ai-advanced-analytics-help-power-greener-future-althoff.
5. Este caso de uso é descrito em Thomas H. Davenport, "Pushing the Frontiers of Manufacturing AI at Seagate", *Forbes*, 27 de janeiro de 2021, https://www.forbes.com/sites/tomdavenport/2021/01/27/pushing-the-frontiers-of-manufacturing-ai-at-seagate/?sh=3d1e524cc4f.
6. Nitin Aggarwal e Rostam Dinyari, "Seagate and Google Predict Hard Disk Drive Failures with ML", Google Cloud Blog, 7 de maio de 2021, https://cloud.google.com/blog/products/ai-machine-learning/seagate-and-google-predict-hard-disk-drive-failures-with-ml.
7. O caso de uso da Haven Life é descrito em Thomas H. Davenport, "The Future of Work Is Now: The Digital Life Underwriter", *Forbes*, 28 de

outubro de 2019, https://www.forbes.com/sites/tomdavenport/2019/10/28/the-future-of-work-is-nowdigital-life-underwriter-at-haven-life/?sh=4fc2332d6b54.

8. Steven Miller e Thomas H. Davenport, "A Smarter Way to Manage Mass Transit in a Smart City: Rail Network Management at Singapore's Land Transport Authority", site da AI Singapore, 27 de maio de 2021, https://aisingapore.org/2021/05/a-smarter-way-to-manage-mass-transit-in-a-smart-city-rail-network-management-at-singapores-land-transport-authority/.

9. Karen Hao, "AI Is Sending People to Jail — and Getting It Wrong", *MIT Technology Review*, 21 de janeiro de 2019, https://www.technologyreview.com/2019/01/21/137783/algorithms-criminal-justice-ai/.

10. Thomas H. Davenport e Rajeev Ronanki, "Artificial Intelligence for the Real World", *Harvard Business Review*, janeiro–fevereiro de 2018, pp. 108–116, https://hbr.org/2018/01/artificial-intelligence-for-the-real-world.

11. Administração Oceânica e Atmosférica Nacional, "NOAA Artificial Intelligence Strategy: Analytics for Next Generation Earth Science", fevereiro de 2020, https://nrc.noaa.gov/LinkClick.aspx?fileticket=0I2p2-Gu3rA%3d &tabid= 91&portalid=0.

12. David F. Engstrom, Daniel E. Ho, Catherine M. Sharkey e Mariano-Florentino Cuéllar, "Government by Algorithm: Artificial Intelligence in Federal Administrative Agencies", relatório à Conferência Administrativa dos Estados Unidos, fevereiro de 2020, pp. 38–39, https://www-cdn.law.stanford.edu/wp-content/uploads/2020/02/ACUS-AI-Report.pdf.

13. Ver Departamento dos Assuntos de Veteranos dos EUA, Escritório de Pesquisa e Desenvolvimento, "National Artificial Intelligence Institute (NAII)", https://www.research.va.gov/naii/.

14. Kate Conger, "Justice Department Drops $2 Million to Research CrimeFighting AI", Gizmodo, 27 de fevereiro de 2018; a solicitação do DOJ para o programa pode ser encontrada em: https://nij.gov/funding/Documents/solicitations/NIJ-2018-14000.pdf.

15. Tony Kingham, "US S&T's Transportation Security Laboratory Evaluates Artificial Intelligence and Machine Learning Technologies", Border Security Report, 11 de setembro de 2020, https://border-security-report.com/us-sts-transportation-security-laboratory-evaluates-artificial-intelligence-and-machine-learning-technologies/.

16. Richard Rubin, "AI Comes to the Tax Code", *The Wall Street Journal*, 6 de fevereiro de 2020, https://www.wsj.com/articles/ai-comes-to-the-tax-code-11582713000.

17. John Keller, "Pentagon to Spend $874 Million on Artificial Intelligence (AI) and Machine Learning Technologies Next Year", *Military and Aerospace Electronics*, 4

de junho de 2021, https://www.militaryaerospace.com/computers/article/14204595/artificial-intelligence-ai-dod-budget-machine-learning.

18. Singapore National Research Foundation, site da AI Singapore, acesso em 15 de junho de 2022, https://nrf.gov.sg/programmes/artificial-intelligence-r-d-programme.

19. Singapore Monetary Authority, "Veritas Initiative Addresses Implementation Challenges in the Responsible Use of Artificial Intelligence and Data Analytics", comunicado de imprensa, 6 de janeiro de 2021, https://www.mas.gov.sg/news/media-releases/2021/veritas-initiative-addresses-implementation-challenges.

20. Alex Woodie, "Inside Cisco's Machine Learning Model Factory", Datanami, 12 de janeiro de 2015, https://www.datanami.com/2015/01/12/inside-ciscos-machine-learning-model-factory/.

21. Max Smolaks, "AI for Data Center Cooling: More Than a Pipe Dream", site do Data Center Dynamics, 12 de abril de 2021, https://www.datacenterdynamics.com/en/analysis/ai-for-data-center-cooling-more-than-a-pipe-dream/.

22. Bernard Marr, "The Amazing Ways Verizon Uses AI and Machine Learning to Improve Performance", *Forbes*, 22 de junho de 2018, https://www.forbes.com/sites/bernardmarr/2018/06/22/the-amazing-ways-verizon-uses-ai-and-machine-learning-to-improve-performance/?sh=1478c22f7638.

23. Ver, por exemplo, Thomas H. Davenport, "The Future of Work Now: The Computer-Assisted Translator and Lilt", *Forbes*, 29 de junho de 2020, https://www.forbes.com/sites/tomdavenport/2020/06/29/the-future-of-work-now-the-computer-assisted-translator-and-lilt/?sh=19fb4bc73890.

24. Ver, por exemplo, Douglas Heaven, "Why Faces Don't Always Tell the Truth about Feelings", *Nature*, 26 de fevereiro de 2020, https://www.nature.com/articles/d41586-020-00507-5.

25. Kolawole Samuel Adebayo, "Meta Describes How AI Will Unlock the Metaverse", site da VentureBeat, 2 de março de 2022, https://venturebeat.com/2022/03/02/meta-describes-how-ai-will-unlock-the-metaverse/.

26. Sarah Whitten, "Disney Launches Genie, an All-In-One App for Park Visitors to Plan Trips and Skip Long Lines", site da CNBC, 18 de agosto de 2021, https://www.cnbc.com/2021/08/18/disneys-genie-app-is-an-all-in-one-trip-planner-for-its-theme-parks.html.

27. Robert Perkins, "Neural Networks Model Audience Reactions to Movies", California Institute of Technology, 21 de julho de 2017, https://www.caltech.edu/about/news/neural-networks-model-audience-reactions-movies-79098.

Capítulo 7

1. Thomas H. Davenport, "The Power of Advanced Audit Analytics", pesquisa da Deloitte, 2016, https://www2.deloitte.com/content/dam/Deloitte/us/Documents/deloitte-analytics/us-da-advanced-audit-analytics.pdf.
2. Entre muitas outras fontes, ver "Early CDO Appointments" na página da Wikipedia para Chief Data Officers: https://en.wikipedia.org/wiki/Chief_data_officer#Early_CDO_appointments.
3. Thomas H. Davenport, "Competing on Analytics", *Harvard Business Review*, janeiro de 2006, https://hbr.org/2006/01/competing-on-analytics.
4. Derek du Preez, "Capital One Closes All Its Data Centres and Goes All In with AWS", *Diginomica*, 12 de janeiro de 2021, https://diginomica.com/capital-one-closes-its-data-centres-and-goes-all-aws.
5. Angus Loten, "AI Helps Auto Insurers Cost Out Collisions in Seconds", *The Wall Street Journal*, 2 de novembro de 2021, https://www.wsj.com/articles/ai-helps-auto-insurers-cost-out-collisions-in-seconds-11635866345.
6. Para uma discussão sobre tais modelos, ver: Mattia Prosperi *et al.*, "Causal Inference and Counterfactual Prediction in Machine Learning for Actionable Healthcare", *Nature Machine Intelligence* 2 (2020): 369–375, https://doi.org/10.1038/s42256-020-0197-y.

ÍNDICE

Símbolos

84.51°, 7, 68, 80–86
   8PML, 82
   desenvolvimento de modelos, 83
   engenharia de soluções, 82
   implantação dos modelos, 84

A

Abeja, 64
abordagem de ecossistema, 60
AI Foundry, 166
Airbnb, 60
Airbus, 2, 19, 56, 96, 134, 163
AI Singapore, 145
Aitken, Stuart, 70
Aladdin Wealth, 58
Alexander, Rob, 177
Alibaba, 1, 60
Alphabet, 1, 158
Amazon, 1, 43, 60
Amazon Go, 129
Amazon Robotics, 131
Amazon Web Services, 165, 179, 196
analytics, 19, 68, 79, 105, 128, 169
   ferramentas de, 38
Anthem, 7, 66, 94, 109, 111
aplicativos transacionais legados, 93
aprendizado de máquina, 1, 73, 104, 129
   algoritmo de, 58
   algoritmos de, 111
   diversos tipos de, 13
   e aprendizado profundo, 174
   e medicina de precisão, 148
   máquina de, 80
   metodologia padrão para o uso de, 82
   modelo de, 78
   recursos de, 96
   (SML), adequação para, 45
aprendizado de máquina automatizado (AutoML), 7, 80, 110, 173
   ferramentas personalizadas de, 88
arquétipos
   alternativos, 101
   estratégicos, 7, 50–76, 127
arquiteturas tecnológicas complexas, 93
A*STAR, 31
AstraZeneca, 8, 155
Ataman, Oz, 191
ATTOL, 2
automação de TI (AIOps), 96, 174
automação robótica de processos (RPA), 14, 172

B

Baker Hughes, 65, 88
Bank of America, 136
Bank of Montreal, 7, 39
Benevolent AI, 156

Berg Health, 156
BioNtech, 155
Blackstone, 66
Blue Dot, 141
Bose, Abhijit, 180
Boudreaux, Gail, 66
Bowen, Ed, 176
Broad Institute, 29, 140
Brown, John Seely, 26

C

C3.AI, 65, 88
cadeia de suprimentos, 11, 68, 90, 128–133, 174
California Institute for Technology, 161
capacidade(s), 7, 99–126, 127
    das IAs, 27, 87, 140
    de avaliação de contexto, 37
    Éticas de IA, 8, 117
Capital One, 5, 21, 91, 139, 177–184
Car and Driver, 53
CCC Intelligent Solutions, 7, 36, 183–189, 193
chatbots, 6, 27, 60, 116, 136
Chatterbox Labs, 122
Cisco Systems, 157
Citigroup, 31
Cleveland Clinic, 8, 152
cliente
    atendimento ao, 76
    comportamento do, 50, 72
    Experiência em 360°, 136
Cotiviti, 14
Covid-19, 58, 107, 128, 170
Crawford, Scott, 81
Credit Suisse, 57
cultura, 29–40, 81, 178

D

dados
    autoritativos reutilizáveis (RAD), conjunto de, 108
    comunidade de, 40
    foco em, 20
    plataformas de, 93
Data and Trust Alliance, 121
data lakes, 32, 88, 180
DataRobot, 82, 117, 122
Davis, Sarah, 36
DBS Bank, 6, 14, 30, 129, 163
    fraudes, redução de, 136
    prevenção à lavagem de dinheiro (PLD), 18
    prevenção de crimes financeiros, 78
    PURE, lema, 33
Deloitte, 5, 11, 37, 82, 121, 127, 164–177
    Estado da IA nas Empresas, 74
    Trustworthy AI Framework da, 118
Deloitte AI Academy, 39
Deloitte Center for AI Computing, 97
Deloitte Consulting LLP, 93
Departamento de Defesa, 144
Departamento dos Assuntos de Veteranos (VA), 143
Digibank, 27
Donovan, Chris, 152
drones, 89, 132–143, 159

E

Eason, Mike, 180
Eli Lilly, 7, 40
    Design Hub Analytics Initiative (DHAI), 156
emart24, 130
embedded machine learning (EML), 81

Índice · 211

EqualAI, 121
EUA, casos de Uso da IA, 140–145
Euromoney, 31
Euro Pact for Skills, 45
Exscientia, 156

F

Facebook, 1, 60, 117, 160
Fairbank, Rich, 177
FairML, 122
FICO, 7, 72
Ford, Argo AI da, 131
Fórum Econômico Mundial, 120

G

GE Digital, 46
gêmeos digitais, 134
General Motors, 45
Girzadas, Jason, 37, 165, 195
Global Finance, 31
Good Doctor, 150
   plataforma, 104
Google, 1, 9, 53, 117, 165
Google Cloud, 1, 135
Google/Waymo
   táxis-robôs, 54
Gopal, Vipin, 40
Govil, Shivani, 187
GPT-3, 14
Gupta, Piyush, 6, 30, 91
Gupta, Sameer, 44

H

H2O, 122
Hagel, John, 26
Haven Life, 137
Hecht-Nielsen, Robert, 138

Helman, Paul, 81
Hill, Andy, 90
Hydrogen Health, 66, 114
Hyundai Uncommon Store, 130

I

IA - inteligência artificial
   análises de causa-raiz (RCA), 113
   baseada em semântica, 13
   cognitiva, 3, 94, 169
   ecossistema orientado por, 61
   em consultoria, 172
   em empresas farmacêuticas, 154
   em impostos, 171
   ética e, 22, 117
   liderança em, 34–38, 127
   modelagem preditiva, 3, 114
   organizações impulsionadas por, 9, 51, 77
   orientada para resultados, 106
   plataformas impulsionadas por, 60
IBM, 117
indicadores-chave de desempenho (KPIs), 31
indústria
   de consumo, 128–132
   de Tecnologia, Mídia e Telecomunicações, 156–162
   empresas de ciências da vida e saúde, 146–158
   energia, recursos e industrial, 131–135
   organizações governamentais e de serviços públicos, 140–147
   serviços financeiros, 135–141
   usos específicos de IA na, 127
Insilico Medicine, 156

J

Jeavons, Dan, 65, 87
John Hancock, 73
Joint AI Center, 144

K

K Health, 66
Kira Systems, 167
Kroger Co., 7, 21, 68, 80, 129, 163
Kroger Precision Marketing, 70

L

Laboratório de Segurança de Transporte (TSL), 144
Lark, 67, 114
League, 52
Lee, Grace, 106
Lemonade, 116
Libert, Barry, 59
liderança, 6, 20, 29, 77, 121
linguagem natural, 13, 104, 157, 167
Loblaw, 7, 21, 36, 52, 163
Loveman, Gary, 189

M

Mahadevan, Milen, 81
Ma Mingzhe, Peter, 103
Manulife, 7, 73, 109, 115, 190
Maple, 52
máquinas de aprendizado organizacional, 25
MassMutual, 137
McMillan, Jeff, 35, 58
Meta, 160
metaverso, 160, 194
Microsoft, 65, 88, 117, 155
Miller, Tom, 94

Mingzhe, Peter Ma, 26, 35
MIT Sloan Management Review, 15, 51
MLOps, operações de aprendizado de máquina, 7, 122, 182
Morgan Stanley, 7, 57, 137
  Gestão de Patrimônio do, 35
  sistema de próxima melhor ação (NBA), 57
Morris, Nigel, 177
Mueller, Beth, 171

N

Narasaki, Koichi, 64
NASA, 143
Netflix, 35, 57
Novartis, 8, 155
nuvem, processamento e armazenamento em, 36, 91–98, 173
  Azure (Microsoft), 65
  Capital One, 179
  CCC Intelligent Solutions, 184
  migração de dados, 194
Nvidia, 97, 165, 186, 196

O

Ocado, 71
Omnia, 167
OneAtlas, 2, 63
One Concern, 64
OpenAI, 14, 175
Open AI Energy Initiative, 65
Open Subsurface Data Universe (OSDU), 89
operações de aprendizado de máquina (MLOps), 27, 86
oportunidades estratégicas de crescimento (SGOs), 165

Ørsted, 132
Oscar, 116

P

Palantir Technologies, 62
Partnership on AI, 120
Path AI, 153
Pavey, Giles, 122
PC Health, aplicativo, 52
Pfizer, 8, 154
Pichai, Sundar, 1
Ping An, 3, 35, 61, 102, 138, 190
    modelo de "ecossistema", 21
    PADIA, 104
    Ping An Brain, 104
    Ping An Technology, 3, 104
planejamento de recursos empresariais (ERP), 16, 171
Polaski, Keith, 2
Porter, Brian, 106
Pratt, Gill, 54
Progressive Insurance, 5, 73, 109, 137
    seguro baseado no uso (ou UBI), 110
projetos de processos de negócios (BPD), 10
Pulciani, Rob, 183

Q

QHR, 52

R

radius financial group, 2
Ramamurthy, Githesh, 36, 184
Raphael, Jon, 167
redes sociais, 109, 116
Redon, Romaric, 63
Reed, John, 31

reengenharia de processos de negócio, 16
Reuters, 118
Ronanki, Rajeev, 95, 111
Rosenthal, Jim, 35, 57

S

Saif, Irfan, 176
Salesforce, 117
SAP, 45
Saperstein, Andy, 35, 59
Schmidt, Eric, 29
Schmidt, Wendy, 29
Scotiabank, 7, 21, 105
    equipe CID&A, 106
Seagate Technologies, 8, 134, 157
Serenita, Peter, 108
Shafer, Mark, 161
Sharecare, 112
Shell, 7, 44, 65, 87, 132
    Advancing DBS with AI, 91
Shoppers Drug Mart, 36, 52
Siemens, 158
Singapura, usos da IA, 144–145
Skywise, 21, 62, 96
Snapshot, 73, 110
softwares de tradução assistida por computador (CAT), 159
SOMPO Holdings, 7, 64
SOMPO Light Vortex, 65
Sony, 117
Southern California Edison, 133
Splunk, 96
Starsky Robotics, 53
startups, 52, 98, 109, 137, 167
Stitch Fix, 130
StudioLAB, 161
Symbotic, 131

Syring, Jim, 187

T

Tan, Jessica, 103
TD Bank, 46
Tello, Juan, 93
Tencent, 1, 60
TensorFlow, 1
Thomas, Phil, 106
TikTok, 72
tomada de decisões
   baseada em regras, 17
   baseadas em dados, 10
   orientadas ao cliente, 109
Toyota, 7, 54
   Sistema Toyota de Produção, 56
Toyota Research Institute (TRI), 54
   Chauffeur, projeto, 54
   Guardian, projeto, 54

U

Uber, 60
Udacity, 44, 87
Unilever, 7, 46, 90, 122

V

veículos autônomos (AVs), 53, 188
   sistemas avançados de assistência ao motorista (ADAS), 188
Veritas Consortium, 145

Verizon, 45, 159
Vigilent, 158
Vitality, 115, 190
   motivar mudanças comportamentais, 115
Voya, 17

W

Wall Street Journal, 187
Walmart, 8, 130
   serviço GoLocal, 131
Walt Disney Company, 8, 39, 160
   Genie, IA da, 161
Waymo, 1
WealthACT, 46
Well, 7, 73, 188–191, 193
Wells Fargo, 72
Weston, Galen G., 36

X

Xiao, Jing, 26, 61, 103

Z

Zhang, Ren, 39
Zillow, 138